Дерек Принс

I0157747

ВХОДЯ В БОЖЬЕ ПРИСУТСТВИЕ

КНИГИ ДЕРЕКА ПРИНСА
переведенные на русский язык

Наименование:

Дерек Принс

Входя в Божье присутствие

через хвалу и благодарение к истинному поклонению

2011

ENTERING THE PRESENCE OF GOD:
Moving Beyond Praise and Thanksgiving to True Worship
Derek Prince

Derek Prince Ministries – International
P.O.Box 19501
Charlotte, NC 28219-9501
USA

ВХОДЯ В БОЖЬЕ ПРИСУТСВИЕ:
от хвалы и благодарения к истинному поклонению
Дерек Принс

Переведено и издано
Служением Дерека Принса на русском языке
Translation and publication by Derek Prince Ministries – Russia

Вы можете написать нам по адресу:
Служение Дерека Принса
а/я 72
Санкт-Петербург
191123
Россия

Служение Дерека Принса
а/я 3
Москва
107113
Россия

ISBN: 978-1-78263-026-5

Вы можете обратиться к нам через интернет:
info@derekprince.ru

или посетить нашу страницу:
www.derekprince.ru

DEREK
PRINCE
M I N I S T R I E S
RUSSIAN WORLDWIDE

Содержание

Введение

Взяв начало в 1970-х годах, и продолжаясь вот уже несколько десятилетий, происходит нечто очень примечательное, что оказывает влияние на курс истории Церкви.

Тело Христово по всему миру ощутило прилив могущественной волны обновления поклонения и прославления, которая подняла Церковь на новый уровень. Миллионы верующих вознесли свои лица, руки и голоса к небесам. Новым поколением псалмистов было выпущено бесчисленное множество новых сборников с «вертикально-направленными» гимнами. И этот новый духовный источник открылся не только в совместном, общецерковном или групповом поклонении. Личное «тихое молитвенное время» многих людей, стало намного менее «тихим», когда люди открыли для себя силу личной хвалы.

Это движение имело предшественника. В основе и вдохновением всего этого было то, что сегодня принято называть «обновлением Духовных даров», которое охватило весь мир в 1960-70 годах. Это было восстановлением работы и личности Святого Духа в Церкви. Там где Святой Дух получал свободу действовать, Он брал людей за руку и вводил их в исцеляющее, освежающее присутствие Отца.

Посреди этого исторического движения находился Дерек Принс.

Если вы впервые слышите это имя, то вам необходимо знать, что он был признан одним из самых великих христианских умов двадцатого века. Он был британским подданным, который прожил основную часть своей жизни в Соединенных Штатах и Израиле. Он получил образование в престижном Кембриджском университете в Англии, где он учился вместе с известным христианским мыслителем и писателем Клайвом Льюисом. (Как много вы знаете Библейских учителей, которые были действительными членами научного общества античной и современной философии в Кембриджском университете?)

Осенью 2003 года Дерек Принс умер в возлюбленном им Иерусалиме, в котором он прожил около двадцати лет. Ему было восемьдесят восемь лет.

Углубившись в страницы этой книги, вы обнаружите, что выдающиеся научные степени не сделали учение Дерека сухим, абстрактным или педантичным. Возможно, он имел ум философа, но Бог дал ему сердце вольного поэта. Вы найдете учение Дерека Принса вдохновляющим, ободряющим, практичным, назидательным, общедоступным – особенно в таких серьезных и важных вопросах, как поклонение и общение с Богом.

В одной из своих радиопередач, которые с 1980-х годов покрывают более чем половину часть земного шара, Дерек сказал:

> Я имел привилегию путешествовать и служить в самых разных странах мира, и я побывал во многих местах, где происходило движение Духа Божьего, и где Он могущественным образом изливался и приводил в действие Свои дары.
>
> Но лишь в немногих местах люди приносили Богу жертву истинного, чистого, помазанного прославления и поклонения. Когда вы приходите к Богу в духовном поклонении, вы входите в общение с Богом. Через поклонение и общение вы получаете откровение. И хотя я не учу об этом, как о средстве получения чего-то от Бога, тем не менее, это истина, что когда мы приближаемся к Богу на правильном основании и с подобающей хвалой и поклонением, то тогда, действительно, нет границ тому, что Бог сделает для нас.

Дерек Принс имел уникальный дар приносить истину и понимание, которые помогают подобающим образом и реально войти в святое присутствие Божье; дать более глубокое познание поклонения; помочь пережить близость и обновление, и получить нечто в «Святом Святых».

Приготовьтесь к тому, чтобы обнаружить, насколько прекрасным является это место.

— Служение Дерека Принса

1

Положение в Божьем присутствии

Поклонение является одной из главных тем Библии, и оно имеет огромную важность в жизни верующего. Тем не менее, многие христиане не имеют ясного понимания сущности поклонения. Если вы заведете разговор о поклонении с обычными посетителями церквей, то обнаружите, что в сознании большинства из них поклонение связано с их церковным воскресным собранием. Они будут говорить о гимнах и хорах, о том, как все собрание, встав на ноги, поет несколько заранее запланированных на этот день песен. Боюсь, что в большинстве из этих церквей, к сожалению, очень мало поклонения. Если это единственное понимание поклонения обычных верующих, то это означает, что они даже не начинали поклоняться.

В этой книге мы исследуем поклонение, заглянув глубже внешних ритуалов и образа действий — туда, где в действительности оно происходит — в сердце. Мы увидим чем отличаются друг от друга хвала, благодарение и поклонение. Мы обратим внимание на то, что препятствуют поклонению. Мы исследуем те поступательные шаги, следуя которым мы входим в самое присутствие Божье, где мы можем слышать Его голос и находить покой, находясь в Его руках.

Наши приношения

Всякий раз, когда мы входим в присутствие Божье, Он ожидает от нас того, что мы принесем Ему различные дары и жертвы. Это может выражаться в денежных и материальных пожертвованиях, но не ограничивается только этим. Писание говорит и о более высоком уровне приношений и духовных даров, которые Бог ожидает получить от Своих последователей. Этими духовными дарами являются благодарение, хвала и поклонение.

Очень часто мы используем эти термины как взаимозаменяемые, однако, не смотря на то, что они связаны друг с другом, между ними существует явное отличие. Я сравниваю это с цветами радуги, которые отличаются друг от друга, но, в, то же самое время, перетекают друг в друга и не имеют явных линий разграничения. Так и благодарение, хвала и поклонение являются отдельными понятиями, но в то же самое время они естественным образом перетекают друг в друга. Вот по какому признаку я различаю их:

Благодарение связано с Божьей *благостью*.
Хвала связана с Божьим *величием*.
Поклонение связано с Божьей *святостью*.

Святость, сама по себе, является уникальным понятием. Это качество Бога является самым трудным для человеческого понимания, потому что оно не имеет аналогов на земле. Мы можем рассуждать о мудрости Божьей, потому что мы знаем мудрых людей. Мы можем рассуждать о величии Божьем, потому что мы знаем великих людей. Мы можем рассуждать о силе Божьей, потому что мы можем видеть проявления великой силы. Но вне Бога, мы не имеем на земле примера святости — это уникальное качество, присущее только Богу, и тем, кто принял это качество от Него. Я верю, что поклонение напрямую связано с Божьей святостью. Наверное, именно поэтому нам трудно полностью понять поклонение и войти в него, потому что нам трудно понять Божью святость.

Вследствие этого поклонение является наиболее трудным из этих трех даров или жертв, которые должны быть принесены верующим так, чтобы быть приемлемыми Ему.

Хвала и благодарение в первую очередь связаны с устами, но поклонение — это внутреннее состояние, выраженное во внешнем положении тела. Поэтому важно понимать эти три термина, чтобы быть способными предложить их как часть нашего приношения Богу.

Хвала

Тема хвалы проходит через всю Библию — от начала и до самого конца — подобно золотой нити. Хвала является вечной. Она имеет Небесное происхождение. Это непрестанное занятие всех славных и вечных творений, которые населяют Небеса, где они наслаждаются близким и постоянным доступом к Самому Богу. Постоянный доступ вызывает непрестанную хвалу.

С самого начала существование земли было связано с хвалой. В Книге Иова 38:4,7 Бог задает Иову такой вопрос:

Где был ты, когда Я полагал основания земли? ... При общем ликовании утренних звезд, когда все сыны Божии восклицали от радости?

Какая прекрасная картина основания земли! Именно хвала сопровождала нашу планету при ее первом вращении и выходе на орбиту. Божий народ на этой планете несет ответственность за то, чтобы продолжать сопровождать хвалою ее путь по орбите до тех пор, пока существует земля и небеса.

Благодаря хвале мы имеем подобающие взаимоотношения с Богом, как с Царем, восседающем на

Своем троне, Которому принадлежит хвала и слава. Псалом 21:4:

> *Но Ты, Святый, живешь среди славословий Израиля.*

В сочетании с благодарением, хвала дает нам доступ к Богу. В Псалме 99:4 мы читаем такие слова:

> *Входите во врата Его со славословием, во дворы Его — с хвалою. Славьте Его, благословляйте имя Его!*

Здесь мы можем видеть две стадии приближения. Во-первых, вхождение через Божьи врата. Во-вторых, прохождение через Его дворы. Этот вдохновенный псалом показывает, что благодарение вводит нас через ворота, а хвала проводит через дворы.

Это прекрасно описано также в Книге пророка Исаии 60:18, где пророк говорит Божьему народу:

> *Не слышно будет более насилия в земле твоей, опустошения и разорения — в пределах твоих; и будешь называть стены твои спасением и ворота твои — славою.*

Бог обитает в месте совершенного мира и гармонии. Там нет не только насилия и разрушения, но даже звука насилия и разрушения. Обратите внимание на путь туда: *все ворота — это слава* (в других переводах: *прославление, хвала* — примеч. переводчика). Другими словами, есть только один путь к месту Божьего присутствия и обитания — через хвалу. Без хвалы мы не имеем доступа во внешние дворы.

Благодарение

Послание Евреям 12:28 (выделено автором):

> *Итак мы, приемля царство непоколебимое, **будем хранить благодать**, которою бу-*

дем служить благоугодно Богу, с благогове-
нием и страхом.

В большинстве других переводов сказано о том, чтобы мы «были благодарны».

(Перевод Института перевода Библии: *«Но Царство, нас ожидающее, нерушимо — потому будем с* ***трепетом благоговейным благода-рить*** *Бога и служить Ему так, как Он того хочет». Современный перевод: «Итак, получая Царство, которое нельзя поколебать,* ***будем же благодарны****, чтобы благодарностью этой почи-тать Бога, как положено, с благоговением и страхом». Перевод Слово Жизни: «Таким образом, поскольку мы получили Царство, которое не мо-жет быть поколеблено,* ***будем благодарны*** *и в благоговении и страхе поклонимся Богу»* — примеч. редактора).

В действительности все эти переводы верны. Во фразе «иметь благодарность» в греческом оригина-ле ключевым словом является слово «харис», ко-торое означает «благодарю» и «благодать». Между благодатью и благодарностью существует прямая связь. Неблагодарный человек — это тот, кто на-ходится вне благодати Божьей. Вы не можете быть неблагодарным, и находится в благодати Божьей.

Три языка, принадлежащие к романской языко-вой группе (корни которой находятся в латинском языке), сохранили прямую взаимосвязь между бла-годатью и благодарностью. На французском «грасе а Дью» означает «благодарение Богу». По-итальян-ски «спасибо» это «грацие». По-испански это «гра-циас». Вы не можете отделить благодарение от благодати Божьей. Когда мы упоминаем о благода-ти, то, в действительности, мы напоминаем о необ-ходимости быть благодарными.

Есть прекрасный отрывок, который описывает вхождение в поклонение. Все начинается с громкой, ликующей хвалы – намного более громкой, чем раз-решаться в некоторых церквях. Псалом 94:1:

Приидите, воспоем Господу, воскликнем твердыне спасения нашего!

Даже не просто «будем громко петь», но «воскликнем», что означает «громко крикнем». Мне нравится это. Полагаю, что если есть что-то, что Богу трудно принимать, так это хвала не от всего сердца. Псалом 144:3 говорит: *«Велик Господь и достохвален»* (в евр. оригинале дословно это звучит так: *«Велик Господь и велико (должно быть Его прославление»* —примеч. переводчика). На самом деле, если вы не готовы прославлять Его сильно, тогда вообще не делайте этого. Псалом 94:2:

Представим лицу Его со славословием, в песнях воскликнем Ему.

(В Библии короля Якова: *«Давайте придем пред Его присутствие с благодарением, давайте воскликнем радостно Ему с псалмами».*) Обратите внимание, что здесь снова указаны эти две стадии приближения: благодарение и хвала. Нет другого пути в присутствие Божье. Следующие три стиха дают нам причину, почему мы должны славить и благодарить Бога. Библия очень логична. Она не просто призывает нас славить и благодарить Бога, но и указывает нам на причину. Псалом 94:3:

Ибо Господь есть Бог великий и Царь великий над всеми богами.

Помните, я говорил о том, что хвалой мы признаем Божье величие. Итак, слово «великий» здесь используется дважды. *«Господь есть Бог великий и Царь великий над всеми богами».* Мы признаем Его величие громкой, ликующей и торжествующей хвалой.

Затем мы видим Его как могущественного Творца. Псалом 94:4-5:

В Его руке глубины земли, и вершины гор — Его же. Его — море, и Он создал его, и сушу образовали руки Его.

Итак, мы приближаемся к Нему, благодаря Его, прославляя Его за чудеса Его творения. Но это только путь приближения к Нему. В следующем стихе сказано о вхождении в поклонение. В действительности, хвала и благодарение служит средством перехода в поклонение. Обратите внимание, что как только мы подходим к поклонению, сразу же речь идет о положении. Псалом 94:6:

Приидите, поклонимся, и припадем, преклоним колени пред лицем Господа, Творца нашего.

Как видите, мы перешли от слов хвалы и благодарения наших уст к внутреннему отношению и положению нашего тела. Мы начали с хвалы и благодарения, но не это было конечным пунктом, не это было нашей целью. Ограничиваясь хвалой и благодарением, христиане упускают настоящую цель, которым является истинное поклонение, и выражается оно не в словах, а во внутреннем состоянии и внешнем положении.

Поклонение

Когда вы соприкасаетесь со святостью Божьей, осознаете ее, или получаете откровение о ней, тогда этому надлежит вызвать в нас одну подобающую реакцию: поклонение. Но истина в том, что без откровения о Божьей святости мы не сможем по-настоящему поклоняться Богу. Мы можем провести музыкальное служение, но не служение поклонения. Мы не войдем в поклонение до тех пор, пока не получим хотя бы малейшее откровение о святости Божьей. А святость Божью невозможно понять без откровения. Ее нельзя объяснить или дать ей определение. Осознание ее приходит только через откровение.

Это очень важно, потому что, по моему мнению, многие христиане имеют такое представление, что святость это набор правил, вроде того: куда можно, а куда нельзя ходить; что можно делать, а что нельзя; как можно одеваться, а как нет, и т.д. Святость совершенно не в этом. Апостол Павел подчеркивает это в Послании Колоссянам 2:20-23:

> *Итак, если вы со Христом умерли для стихий мира, то для чего вы, как живущие в мире, держитесь постановлений: «Не прикасайся», «не вкушай», «не дотрагивайся», — что все истлевает от употребления, — по заповедям и учению человеческому? Это имеет только вид мудрости в самовольном служении, смиренномудрии и изнурении тела, в некотором небрежении о насыщении плоти.*

Новый Завет открывает нам глубокую истину: чем больше вы фокусируетесь на том, что вы *не должны* делать, тем большую власть это имеет над вами. Вы ходите с мыслью: *«Мне не следует злиться... Чтобы ни случилось, сдерживай свой гнев... Держи себя в руках...».* И что случается с вами в тот же день? В следующей же подходящей ситуации вы выходите из себя. Почему это случилось? Потому что вы фокусировались на плохом. Поэтому не удивительно, что многие люди решили, что личная святость — это не для них.

Двенадцатая глава Послания Евреям говорит о воспитании, которое Бог, как Отец, применяет для Своих детей. Евреям 12:10:

> *Те* (земные родители) *наказывали нас по своему произволу для немногих дней; а Сей — для пользы, чтобы нам иметь участие в святости Его.*

Святость — это не список «это делай... того не делай...». Бог свят не потому что Он держит перед Собой список правил, чтобы проверять Свое поведение. Святость, о которой говорит Библия — Божья святость — никак не связана с исполнением правилами.

Божьи качества

Святость — это Божья сущность. Святость — это то, кто есть Бог. Все связанное с Богом свято. Таким образом, для того, чтобы понять святость, нам необходимо иметь понимание, Кто есть Бог, и какой Он. Поэтому позвольте мне указать на некоторые качества Бога, что Библия говорит о том, Кем является Бог.

Бог есть Свет

Первое послание Иоанна 1:5:

И вот благовестие, которое мы слышали от Него и возвещаем вам: Бог есть свет, и нет в Нем никакой тьмы.

Бог есть свет. Он не только сотворил свет и посылает свет, но Он Сам есть свет.

Бог есть Любовь

Первое послание Иоанна 4:8,16:

Кто не любит, тот не познал Бога, потому что Бог есть любовь.

И мы познали любовь, которую имеет к нам Бог, и уверовали в нее. Бог есть любовь, и пребывающий в любви пребывает в Боге, и Бог в нем.

Бог есть как свет, так и любовь. Между любовью и светом есть разница. От яркого света хочется укрыться; в то время как любовь влечет к себе. Полагаю, что подобное внутреннее напряжение имеет место внутри нас в наших взаимоотношениях с Богом. Мы желаем приближения к Нему, но чувствуем себя неуютно при вхождении в Его свет, который принизывает все.

Бог есть Правда и Суд

Это неотъемлемая часть Его сущности. В книге Второзаконие 32:3-4 Моисей подчеркивает это:

Имя Господа прославляю; воздайте славу Богу нашему. Он твердыня; совершенны дела Его, и все пути Его праведны. Бог верен, и нет неправды в Нем; Он праведен и истинен.

Многие люди обвиняют Бога в допущении несправедливости в какой-то конкретной ситуации или обстоятельствах их жизни. Но Библия говорит, что нет неправды и несправедливости в Боге. Он абсолютно справедлив. Он является Богом правды. Поразмышляйте над словами Авраама, которые записаны в книге Бытие 18:25, когда он ходатайствовал пред Господом о городе Содоме:

Не может быть, чтобы Ты поступил так, чтобы Ты погубил праведного с нечестивым, чтобы то же было с праведником, что с нечестивым; не может быть от Тебя! Судия всей земли поступит ли неправосудно?

Вот кем является Бог: Он Судья всей земли, и Он всегда поступает правосудно. В Нем нет несправедливости и неправды. Мы часто испытываем искушение поверить в то, что Бог несправедлив, но Писание настоятельно подчеркивает, что нет ничего более далекого от истины.

Бог есть Ярость и Гнев

Это очень важно, хотя современное христианство с трудом может вместить это. Наш Бог является Богом ярости и гнева. Пророк Наум замечательным образом описывает это. Книга пророка Наума 1:2:

Господь есть Бог ревнитель и мститель;

мститель Господь и страшен в гневе: мстит
Господь врагам Своим и не пощадит против-
ников Своих.

Господь есть гнев и ярость. Господь ревнитель и
мститель врагам Своим. Это является частью вечной
Божьей сущности. Если мы упускаем из виду эту
часть, то мы не имеем истинного представления о
Боге.

Книга Откровение 14:9-11 приоткрывает для нас
завесу будущего суда Божьего над антихристом:

И третий Ангел последовал за ними, говоря
громким голосом: кто поклоняется зверю и
образу его и принимает начертание на чело
свое, или на руку свою, тот будет пить вино
ярости Божией, вино цельное, приготовлен-
ное в чаше гнева Его, и будет мучим в огне и
сере пред святыми Ангелами и пред Агнцем;
и дым мучения их будет восходить во веки
веков, и не будут иметь покоя ни днем, ни
ночью поклоняющиеся зверю и образу его и
принимающие начертание имени его.

Мучения в присутствии Агнца — это не совсем
соответствует современному представлению о не-
жном Иисусе, мягком и кротком. Тем не менее, это
является частью Его вечного Божественного харак-
тера. Бог является Судьей. Некоторые люди верят,
что Бог слишком милосердный, чтобы обрекать кого-
то на вечное осуждение. Но это не Библейское представление. К тому же, очень опасное. Откровение
22:18-19:

И я также свидетельствую всякому слыша-
щему слова пророчества книги сей: если кто
приложит что к ним, на того наложит Бог
язвы, о которых написано в книге сей; и если
кто отнимет что от слов книги пророче-
ства сего, у того отнимет Бог участие в
книге жизни и в святом граде и в том, что
написано в книге сей.

Книга Откровение не говорит ни о чем другом так ясно, как о вечном осуждении.

Наше общество достигло такой стадии, когда мы стали намного добрее к преступникам, чем к жертвам их преступлений. Почему? Потому что мы не хотим судить. Почему мы не хотим правосудия? Полагаю, потому что в нашем сердце мы знаем, что если есть суд для кого-то, тогда есть суд и для нас.

Бог есть Любовь и Благость

Слово, переведенное в нашей Библии как «благость», означает «стойкая, неизменная, постоянная любовь и доброта». Изучая значение этого слова, я пришел к выводу, что оно в действительности означает «верность Бога по отношению к заключенному завету». Божья верность Своему завету — это одно из величайших качеств Бога.

В 50-м Псалме Давид молится во время своего глубокого душевного страдания, в критический момент своей жизни. Это была его молитва покаяния после того, как его грех с Вирсавией и убийство Урии было открыто пророком. Псалом 50:3:

Помилуй меня, Боже, по великой милости Твоей, и по множеству щедрот Твоих изгладь беззакония мои.

«*По великой милости Твоей*» — это обращение к Божьей верности, которую Он сохраняет к Своему завету. В сущности, Давид говорит следующее: «*Ты взял на Себя обязательства простить меня, если я исполню Твои условия. На основании этого я обращаюсь к Тебе*». Как важно иметь приближение к Богу на этом основании! Эта мысль прослеживается и в других псалмах. Псалом 105:1:

Аллилуйя. Славьте Господа, ибо Он благ, ибо вовек милость Его.

Здесь «милость Его» это Его благость, основанная на Его верности Своему завету.

Бог есть Благодать

Послание Евреям 4:16:

Посему да приступаем с дерзновением к престолу благодати, чтобы получить милость и обрести благодать для благовременной помощи.

В этом отрывке упомянуты две вещи, которые вы не можете заслужить: *милость* и *благодать*. Сначала мы нуждаемся в милости, а затем нуждаемся в благодати. Благодать не может быть заработана или заслужена. Религиозные люди имеют настоящую проблему с этим, потому что их отношение такое: они все должны заслужить. Вследствие чего они склонны отвергать благодать Божью. «*Да приступаем с дерзновением к престолу благодати, чтобы получить милость и обрести благодать для благовременной помощи*». Мы нуждаемся в милости для прошлого, и благодати для будущего. Только по благодати Божьей мы можем стать таким родом людьми, и вести такой образ жизни, который Бог ожидает от нас.

Бог есть Сила

Библия наполнена свидетельствами Божьей силы. Давайте посмотрим только на один пример. Псалом 92:1-2:

Господь царствует; Он облечен величием, облечен Господь могуществом и препоясан: потому вселенная тверда, не подвигнется. Престол Твой утвержден искони; Ты – от века. Возвышают реки, Господи, возвышают реки голос свой, возвышают реки волны свои. Но паче шума вод многих, сильных волн морских, силен в вышних Господь.

Святость — это вся полнота Божьей сущности

Позвольте мне повторить эти семь качеств Бога: (1) свет; (2) любовь; (3) правда и суд; (4) гнев и ярость; (5) любовь и милость; (6) благодать; и (7) сила. Я верю, что совокупность всего этого и есть святость Божья. Это вся полнота сущности Божьей. «Святой» это единственное слово, которое употребляется троекратно по отношению к Богу в том же самом изречении и в Ветхом, и в Новом Завете. В Книге пророка Исаии 6:3 описано то, как серафимы взывали:

Свят, Свят, Свят Господь Саваоф! вся земля полна славы Его!

А в книге Откровении 4:8 живые существа (в синод. переводе: «животные») вместе со старейшинами («старцами») поклонялись Богу, взывая:

Свят, свят, свят Господь Бог Вседержитель, Который был, есть и грядет.

Я верю, что это троекратное повторение неслучайно. Полагаю, что первое «свят» относится к Отцу; второе «свят» к Сыну; третье «свят» к Духу. И никто больше не свят. Бог уникален в Своей святости. И мы можем понять и стать участниками святости лишь настолько, насколько мы соединены с Богом.

Поклонение — это наша реакция на святость Божью. Опять-таки, там, где нет откровения о святости, там не может быть поклонения. Вы можете иметь хорошее музыкальное служение. Вы можете иметь хвалу и благодарение. Но вы не можете иметь поклонение. Но когда нам открывается святость Божья, хоть в небольшой мере, то подобающей реакцией всегда является поклонение. Псалом 99:4:

Входите во врата Его со славословием, во дворы Его — с хвалою.

Мы благодарим Бога потому, что мы признательны Ему за то, что Он сделал. Прославляя Бога, мы признаем Его величие. Но это еще не все. Многие останавливаются на этом. Мы вошли во дворы Его, но для чего? Мы там для того, чтобы поклониться. Если мы поем песни прославления, то, возможно, одно это уже хорошо, но если мы ограничиваемся только этим, то не достигаем сердца Божьего и Его цели. Как будто что-то остается невыполненным. Глубоко в нашем духе что-то просит большего. Мы желаем присутствия Господа. Мы жаждем быть в прямом контакте с живым Богом и предложить Ему то единственное, что мы должны предложить — наше поклонение. Поэтому давайте продолжим наше путешествие и попросим Господа, что бы Он, по Своей благодати, позволил нам войти в Его присутствие. Потому что, когда мы будем в Его присутствии, тогда мы действительно сможет Ему поклониться.

2

Должная реакция

Псалмы дают нам потрясающе ясную и прекрасную картину истинного поклонения. Давайте окунемся еще раз в богатый и сильный слог 94-го Псалма, прочитаем стихи с 1 по 7:

Приидите, воспоем Господу, воскликнем твердыне спасения нашего! Представим лицу Его со славословием, в песнях воскликнем Ему. Ибо Господь есть Бог великий и Царь великий над всеми богами. В Его руке глубины земли, и вершины гор — Его же. Его — море, и Он создал его, и сушу образовали руки Его. Приидите, поклонимся, и припадем, преклоним колени пред лицем Господа, Творца нашего. Ибо Он есть Бог наш, и мы — народ паствы Его и овцы руки Его.

Здесь есть три стадии, которые мы исследуем. Сначала, в первых двух стихах мы имеем громкую обильную хвалу и благодарение: *«Приидите, воспоем Господу, воскликнем твердыне спасения нашего! Представим лицу Его со славословием, в песнях воскликнем Ему»*. Это громкая, обильная, бурная хвала и благодарение. Это своего рода прелюдия.

Затем, в стихах с третьего по пятый, псалмист указывает нам причины для хвалы и благодарения. Как уже было сказано, мы благодарим Бога за то, что Он сделал. Мы прославляем Его за то, кто Он есть. Обе причины заключены в третьем стихе: *«Ибо Господь есть Бог великий и Царь великий»*. В другом Псалме сказано: *«Велик Господь, и велико будет прославлен»* (Псалом 144:3, Перевод короля

Якова). Прославление Его должно соответствовать Его величию. 94-й Псалом напоминает нам, что Бог сделал: *«Его — море, и Он создал его, и сушу образовали руки Его»* (Псалом 94:5).

Когда мы приближаемся к Богу таким образом — с хвалой и благодарением — тогда все наше внимание фокусируется на Боге. А это является главным в поклонении, потому что величайшим врагом поклонения является сосредоточенность на самих себе. Пока мы заняты самими собой и нашими проблемами и вещами, которые окружают нас, мы не находимся в состоянии поклонения Богу.

Как было сказано в предыдущей главе, третья стадия — это поклонение, которое выражено в нашем положении. Псалом 94:6-7:

> *Приидите, поклонимся и припадем, преклоним колени пред лицем Господа, Творца нашего. Ибо Он есть Бог наш, и мы — народ паствы Его и овцы руки Его.*

Обратите внимание на два момента. Во-первых, когда мы поклоняемся Богу, то это выделяет нас как народ Божий. Здесь указана и причина поклонения: *«Ибо Он есть Бог наш, и мы — народ паствы Его»*. Самим действием поклонения Богу мы говорим о том, Кто является нашим Богом. Тот, Кому мы поклоняемся, обязательно и неизбежно будет нашим Богом. Более подробно мы поговорим об этом позднее, но вот почему так важно, чтобы мы поклонялись истинному Богу, и никому иному. Поклонение выделает нас как народ Божий.

Во-вторых, поклонения является должной реакцией на предложенную нам любовь Божью и участливую заботу о нас. *«Мы — народ паствы Его и овцы руки Его»*.

Результаты поклонения

Давайте продолжим наше исследование 94-го Псалма, который, к тому же, как я верю, содержит описание и двух результатов поклонения, а, в конечном счете, и цену отсутствия поклонения. Псалом 94:7-11:

> *О, если бы вы ныне послушали гласа Его: «Не ожесточите сердца вашего, как в Мериве, как в день искушения в пустыне, где искушали Меня отцы ваши, испытывали Меня, и видели дело Мое. Сорок лет Я был раздражаем родом сим, и сказал: это народ, заблуждающийся сердцем; они не познали путей Моих, и потому Я поклялся во гневе Моем, что они не войдут в покой Мой».*

Здесь мы видим два результата истинного поклонения и склонения в Господнем присутствии. Во-первых, мы слышим Божий голос. Мы миновали стадию громкой, обильной хвалы и благодарения, и вошли в стадию внутреннего покоя, гармонии и тишины, где всё замолкает, где мы успокаиваемся в присутствии Божьем. В этом состоянии поклонения мы можем слышать Божий голос так, как мы не могли его услышать тогда, когда были заняты самими собой, нашими проблемами и немощами. Одним из самых главных факторов в поклонении является сосредоточивание своего внимания на Господе, оставление своего «я» и почти полное растворение его в Нем.

Способность слышать Божий голос является жизненно важной. В Книге пророка Иеремии 7:3 Бог настоятельно говорит об этом Своему народу.

> *Но такую заповедь (Бог) дал им: слушайтесь гласа Моего, и Я буду вашим Богом...*

Насколько я знаю, это самое простое выражение требований Божьих: «*слушайтесь гласа Моего, и Я буду вашим Богом*».

28-ая глава книги Второзаконие перечисляет все благословение послушания, и все проклятья непослушания. Благословения начинаются со следующего: «*Если ты будешь внимательно слушать гласа*

*Господа Бога твоего, то придут на тебя все бла-
гословения сии и исполнятся на тебе»* (Второзаконие 28:1-2). Проклятья начинаются так: *«Если же не
будешь слушать гласа Господа Бога твоего...»* (Второзаконие 28:15). Водоразделом является слушание
или не слушание голоса Господа.

Пусть это не шокирует вас, но просто чтения своей Библии недостаточно. Иисус сказал в Евангелии
от Иоанна: *«Овцы Мои слышат голос Мой и следу-
ют за Мной»* (Иоанна 10:27). Вы не сможете следовать за Иисусом, если вы не слышите Его голос.
Читать Библию — это хорошо. Однако вы можете
читать ее и все равно не слышать голос Господа. Я
верю, что поклонение является путем, который
предназначен для вхождения в такое положение пред
Богом и такие взаимоотношения с Ним, где мы действительно способны слышать Его голос.

Второй результат слышания — мы входим в Его
покой. Поклонение и слышание Божьего голоса приводит нас в такой покой, в который невозможно войти никаким иным путем. Только те, кто
действительно знают, как поклоняться, могут по-
настоящему насладиться Его покоем. Сегодня люди
очень беспокойны, нервозны, и часто не имеют никакого понятия о покое. Послание Евреям 4:9-11:

> *Посему для народа Божия еще остается суб-
> ботство. Ибо, кто вошел в покой Его, тот
> и сам успокоился от дел своих, как и Бог от
> Своих. Итак постараемся войти в покой
> оный, чтобы кто по тому же примеру не впал
> в непокорность.*

Давайте немного поразмышляем над субботним
покоем. Я не проповедую закон. Я не верю, что христиане находятся под законом Моисеевым. Послание Римлянам напоминает нам: *«потому что конец
закона — Христос, к праведности всякого верующего»* (Римлянам 10:4). Смерть Христа упразднила
закон как средство достижения праведности. Мы достигаем праведности не через соблюдение предписа-

ний закона Моисеева, поэтому лично я не верю, что от христиан требуется соблюдение субботы, как это делает еврейский народ.

Кстати, если вы убедите меня, что суббота была заменена воскресеньем (суббота является седьмым днем недели, в то время как воскресенье является первым днем недели), в таком случае мы все являемся страшными нарушителями предписаний для этого «святого дня». В субботу нельзя разжигать никакого пламени, включать свет, зажигать плиту, передвигаться можно лишь на очень небольшое расстояние. В таком случае большинство из нас нарушают субботу (если считать, что суббота была заменена воскресеньем) просто тем, что приезжают на церковное служение!

Тем не менее, Писание говорит: *«для народа Божия еще остается субботство»* (Евреям 4:9). Я пришел к пониманию, что если я занят работой и погружен в заботы все семь дней недели, то это неугодно Богу.

Самое первое, что Бог освятил, это время. Он освятил седьмой день недели. Прежде чем Он освятил какое-либо место или еще что-то, Он освятил время. Я верю, что по-прежнему остается нужда в освященном времени. Бог сказал Израилю, чтобы в седьмой год он ничего не высаживал и не сеял (Загляните, например, в книгу Исход 23:11). Знаете, что это такое? Это испытание веры. «Боже, что мы будем кушать?» Бог говорит: «Я позабочусь об этом, а вы позвольте земле отдохнуть». Израиль не смог выполнить это. Они не делали так, как им было сказано. Несколько столетий спустя Бог сказал: «Ну что же, раз ваша земля ни разу не получила своего субботнего отдыха, то Я исправлю создавшееся положение. Вы пойдете в плен. Пусть исполнятся все субботы, которые вы не смогли соблюсти».

Полагаю, что и с христианами Бог поступает точно так же. Некоторые верующие никогда не отдыхают. Неделя за неделей, день за днем, они вращают то же самое колесо работы и забот, никогда не посвящая времени для Бога. В конечном итоге они восполняют все пропущенные субботы на больничной койке.

Поэтому я спрашиваю вас: знаете ли вы, что такое покой? Способны ли вы дисциплинировать себя в том, чтобы перестать выполнять свои дела, в том числе и в своем разуме? Можете ли вы прилечь и перестать думать обо всем, что вы должны сделать? Боюсь, что многие из нас даже не знают, что такое покой.

Когда-то это было новым для меня: я понял, что должен научиться поклоняться, и должен научиться отдыхать. Я нашел, что эти два понятия очень тесно связаны друг с другом. Я верю, что прославление и хвала Богу происходят громко, с ликованием, танцами и песнями. Но потом приходит время, когда нам необходимо склониться и утихнуть. «Ныне, когда услышите глас Его, не ожесточите сердец ваших». Не упустите Его покоя.

Результаты недостатка поклонения

Израиль в целом, как народ, не послушался Божьего призыва к поклонению. Если мы вернемся к Псалму 94:7-11, то там мы увидим результаты их ошибки.

> *О, если бы вы ныне послушали гласа Его: «Не ожесточите сердца вашего, как в Мериве, как в день искушения в пустыне, где искушали Меня отцы ваши, испытывали Меня, и видели дело Мое. Сорок лет Я был раздражаем родом сим, и сказал: это народ, заблуждающийся сердцем; они не познали путей Моих, и потому Я поклялся во гневе Моем, что они не войдут в покой Мой».*

Какими были результаты непослушания Израиля в поклонении? Во-первых, их сердца были ожесточены. Во-вторых, они не слышали Божьего голоса. В-третьих, они вызвали на себя Божий гнев. В-четвертых, они не вошли в предопределенный им покой. Они не сделали шаги хвалы и поклонения, которые ведут нас к поклонению и преклонению, состоянию тишины, тихого благоговейного успокоения пред Богом, в котором мы слышим Его голос, и через которое мы входим в предопределенный покой.

В 19-ой главе Третьей книги Царств описано то, как пророк Илья убегал от царицы Иезавели. Он нашел убежище в пустыне, а затем предпринял длинное путешествие к горе Хорив, месту где первоначально Бог заключил Свой завет с детьми Израиля. Когда Илья поднялся на гору Хорив, Господь проговорил к нему, и провел его через несколько драматичных переживаний, прежде чем дать ему свежее откровение. Третья книга Царств 19:11-12:

> *И сказал: выйди и стань на горе пред лицем Господним. И вот, Господь пройдет, и большой и сильный ветер, раздирающий горы и сокрушающий скалы пред Господом; но не в ветре Господь. После ветра землетрясение; но не в землетрясении Господь. После землетрясения огонь; но не в огне Господь...*

Это то, что я называю прелюдией к поклонению: ветер, землетрясение, огонь. Потрясающий шум и бурное воодушевление. Но это еще не поколение.

> *После огня веяние тихого ветра.*

В «Расширенном переводе Библии» сказано: «*звук мягкого покоя*». Хочу, чтобы вы ассоциировали поклонение со звуком мягкого покоя. Третья книга Царств 19:13:

> *Услышав сие, Илия закрыл лице свое милотью своею...*

Что это такое? Это поклонение. Точно так же, как Библия описывает ангелов и серафимов покрывающими свои лица и свои ноги крыльями в присутствии Божьем, Илья покрыл свое лицо.

Услышав сие, Илия закрыл лице свое милотью своею, и вышел, и стал у входа в пещеру. И был к нему голос и сказал ему: что ты здесь, Илия?

Илья оказался в этом месте покоя и благоговения в Божьем присутствии, где Бог смог говорить к нему. В этом состоянии Илья слышал Божий шепот, который он не был способен услышать никак по-иному. И, если вы прочитаете эту историю дальше, то увидите, что благодаря слышанию Божьего голоса, Илья получил новое направление и силу. Он вышел оттуда обновленным человеком с новой целью, новой верой, и новой смелостью. Он вошел в свой покой через поклонение.

3

В духе и в истине

В Своей беседе с самарянкой у колодца, Иисус указал на то состояние сердца, которое делает наше поклонение приемлемым для Бога. Эта женщина завела разговор о том, что Иерусалим и Самария оспаривают право быть центрами поклонения. Но когда она подняла вопрос о претензиях этих двух физических, географических мест, Иисус направил тему поклонения в новом и неожиданном направлении. Евангелие от Иоанна 4:21-24:

> *Иисус говорит ей: поверь Мне, что наступает время, когда и не на горе сей, и не в Иерусалиме будете поклоняться Отцу; вы не знаете, чему кланяетесь; а мы знаем, чему кланяемся, ибо спасение от Иудеев; но настанет время, и настало уже, когда истинные поклонники будут поклоняться Отцу в духе и истине, ибо таких поклонников Отец ищет Себе: Бог есть дух, и поклоняющиеся Ему должны поклоняться в духе и истине.*

Слова Иисуса к той женщине были пророческими. Не прошло и ста лет после их беседы, а храм в Иерусалиме был разрушен, и евреи потеряли возможность поклоняться там. Однако прежде чем храм был разрушен, Бог открыл для Своего народа другую дверь в поклонение. Он перенес требования поклонения с физического местоположения на духовное состояние. Духовное состояние, о котором сказал Иисус, это «в духе и истине».

В действительности, то что Бог ищет такого рода поклонников, для меня является одним из самых изумительных и восхитительных фактов, открытых в Библии. Всемогущий Бог ищет людей поклонения — поклонников Себе. Как сказал Иисус, Отец ищет поклонников такого рода, которые поклоняются в духе и в истине.

Давайте рассмотрим эти два духовных, внутренних условия, о которых упомянул Иисус. Начнем со второго требования: «в истине».

Поклонение в истине

Книга Откровение дает нам довольно обширный список людей, которые, в конечном итоге, будут не допущены в Божье присутствие. Откровение 21:8:

Боязливых же и неверных, и скверных и убийц, и любодеев и чародеев, и идолослужителей и всех лжецов — участь в озере, горящем огнем и серою; это — смерть вторая.

Обратите внимание на последнюю категорию в этом списке: «все лжецы». Лжецы не могут иметь доступ в присутствие Всемогущего Бога. Вот почему мы должны поклоняться Ему в истине.

Наглядный пример этому дан в истории Анинии и Сапфиры, которая описана в пятой главе книги Деяния. Эта супружеская пара продала какие-то свои земли и принесла часть вырученных от продажи денег и положила к ногам апостолов. Все бы хорошо, но, к сожалению, они заявили, что это полная сумма денег, полученных от продажи земли. Они пошли на этот заведомый обман, чтобы показаться духовными и жертвенными. Они оставили у себя часть суммы и солгали. И это стоило им обоим жизни. Они просто упали мертвыми в присутствии Божьем (см. Деяния 5:1-11). Может ли быть более ясным предостережение для нас о том, что лжецы и неискренние люди не имеют доступа в присутствие Божье?

Вот что пишет апостол Иоанн в Первом послании Иоанна 1:5-6:

> *И вот благовестие, которое мы слышали от Него и возвещаем вам: Бог есть свет, и нет в Нем никакой тьмы. Если мы говорим, что имеем общение с Ним, а ходим во тьме, то мы лжем и не поступаем по истине...*

Когда мы приходим к Богу, то мы приходим во свет. Там нет места тьме, нет места чему-то скрытому, и нет места неискренности и лицемерию. Все должно быть совершенно открытым.

Обратите внимание на фразу: *«мы имеем общение с Ним»*. Общение с Богом и поклонение Богу идут рука об руку. Поклонение и общение требуют категорической честности, искренности и открытости. Мы должны поклоняться в истине.

Поклонение в духе

Чтобы понять, что означает поклонение Богу в духе, нам необходимо иметь понимание всей полноты человеческой личности, которую открывает Библия. Согласно Писанию, человек состоит из трех взаимосвязанных составляющих: дух, душа и тело. Такое понимание человеческой сущности мы находим в молитве апостола Павла за церковь города Фессалоники, Первое послание Фессалоникийцам 5:23:

> *Сам же Бог мира да освятит вас во всей полноте, и ваш дух и душа и тело во всей целости да сохранится без порока в пришествие Господа нашего Иисуса Христа.*

Что такое тело, мы знаем. Душа это «эго» — эта то, что говорит: «я буду» или «я не буду», «я думаю так» или «я думаю иначе». Как правило, душу определяют как совокупность трех сфер человеческого естества: воли, интеллекта и эмоций. Эти сферы выражаются тремя простыми предложениями: «я буду», «я думаю» и «я чувствую». Конечно же, это крайне упрощенная картина, но она дает хорошее представление о роли души в человеке.

Однако главная функция нашего духа — это иметь взаимоотношения с Богом. Мы должны поклоняться Богу не в душе или теле, но в духе. Мы не сможем по-настоящему понять поклонение до тех пор, пока ни поймем функции и взаимосвязь этих трех элементов человеческой личности.

Давид говорит в Псалме 102:1: *«Благослови, душа моя, Господа»*. Что это или кто это обращается к душе Давида? Его душа не говорит сама себе. Но откуда же, в данном случае, исходит этот призыв к душе Давида *«благослови Господа»*? Из духа Давида. Его дух горит, потому что дух Давида находится в контакте с Богом. Его дух говорит: «Мы должны что-то сделать. Не будем просто сидеть, сложа руки — сделаем что-то. Душа, давай воспрянем и благословим Господа». Душа является, если можно так сказать, «рычагом коробки передач» нашей личности. Она принимает решение и после этого побуждает тело к движению. Вот как это происходит: дух разбирается с душой; а затем душа приводит в движение тело.

Давайте вкратце посмотрим на описание сотворения человека во второй главе книги Бытие 2:7:

> *И создал Господь Бог человека из праха земного, и вдунул в лице его дыхание жизни, и стал человек душею живою.*

Человеческая личность происходит от двух начал: одно — свыше, другое — снизу. Свыше пришло дыхание — Дух Божий был вдохнут в человека. Снизу пришла физическая природа — его тело было сотворено из праха земного. Соединение духа и праха произвело душу живую. Человеческая личность включает в себя дух, душу и тело. Но когда человек согрешил и восстал против Бога, его дух был отрезан от общения с Богом и стал мертвым для Бога. Таким образом, после этого человек стал, как говорит Библия, «*мертв в грехах и преступлениях*» (Ефесянам 2:1).

Когда человек обращается к Богу в покаянии и вере, тогда его дух, благодаря новому рождению, обновляется и делается способным к восстановлению общения с Богом. И снова мы видим тот же принцип, что общение и поклонение идут рука об руку. Но мы должны уяснить для себя, что способностью к прямому общению с Богом наделен именно дух человека, а не его душа или тело.

Итак, через возрожденный дух человек способен к прямому общению с Богом, личность к Личности, дух к Духу. Иисус сказал: «*Бог есть дух, и поклоняющиеся Ему должны поклоняться в духе и истине*» (Иоанна 4:24). Именно тот вдохнутый, вдунутый при сотворении элемент человеческой личности, который приходит от Бога, именно тот дух наделен способностью к прямому общению с Богом и поклонению Богу в духе.

Давайте прочитаем слова апостола Павла в Первом послании Коринфянам 6:16-17:

> *Или не знаете, что совокупляющийся с блудницею становится одно тело с нею? ибо сказано: «два будут одна плоть». А соединяющийся с Господом есть один дух с Господом.*

Павел пишет о двух разных способах того, как одна личность соединяется с другой. Первый способ — плотской: сексуальное соединение мужчины с женщиной. А второй способ — духовный: соединение духа человека с Духом Божьим.

Здесь дана удивительная, но, вместе с тем, очень наглядная иллюстрация. Насколько тесный контакт мужчина может иметь с женщиной физически при половой близости, настолько же близкие взаимоотношения верующий может иметь с Господом духовно в поклонении — это поклонение Богу в духе. Поклонение — это слияние с Богом, близкое общение с Богом, прямое соединение с Богом.

Ни душа человека, ни его тело не имеют способность к этому. Только человеческий дух способен к этим уникальным и самым драгоценным взаимоотношениям с Богом, к взаимоотношениям слияния и соединения, приходящим через поклонение. Это самая высокая деятельность, на которую способен человек — поклоняться Богу в духе и в истине.

Мы должны привести все наше естество в согласие с Богом и реагировать на Него, отвечать Ему так, как Он этого желает. Ваш дух должен действовать через вашу душу, которая побуждает ваше тело к действию. Вот так это работает. Поэтому, когда ваш дух желает поклоняться Богу, он не сможет сделать многого без сотрудничества души и тела. Следовательно, мы не сможем поклоняться Богу, если душа и тело не взаимодействуют с духом. Наш дух связан. Тело является тюрьмой для него, он замкнут и не способен реагировать.

Это является проблемой для многих христиан. Мы даем им Слово, но мы даем им очень неполную картину Церкви и поклонения. Поэтому, когда люди переживают реальные вещи, для них это странно, потому что мы настраиваем людей неправильно. Они привыкли к другому, а это другое является неверным.

К счастью для нас, Бог провидел для нас «дорожную карту» поклонения. Он дал нам образец, следование которому введет нас в поклонение, а, следовательно, и в Его присутствие. Этим образцом является скиния.

4

Наше тело: очищенное Кровью и водой

Скиния Моисея является одним из самых замечательных объектов в Писании, который всегда восхищал меня. Большая часть ее описания находится в главах 25-30 и 35-40 книги Исход. Сам факт того, что Бог посвятил около двадцати глав Библии описанию скинии, для меня говорит о том, что скиния имеет огромную важность.

Всякий раз, когда я изучаю скинию, это придает мне глубокое стремление к святости и к общению с Богом. Вот такой результат изучение скинии производит во мне, и я уверен, что это одна из главных целей, ради которых такое детальное описание скинии дано в Писании.

Путь во святилище

Путь к совершенству, к зрелости, к полноте и завершенности — это путь во святилище, который описан в Послании Евреям так, как ни в какой другой книге Нового Завета. Там мы видим, что скиния является для нас Библейским образцом искания Бога. Сама фраза: *«путь во святилище»* (Евр. 9:8) взята из практики служения в скинии. Послание Евреям 8:4-5:

Если бы Он оставался на земле, то не был бы и священником; потому что здесь такие священники, которые по закону приносят дары, которые служат образу и тени небесного, как сказано было Моисею, когда он приступал к совершению скинии: «смотри», сказано, «сделай все по образу, показанному тебе на горе».

Эти стихи прямо говорят о том, что скиния является образцом для нас или *«образом и тенью небесного».* Это физический объект, который отражает открытую духовную истину.

Далее, в девятой главе этого послания мы опять встречаем упоминание об этом. Послание Евреям 9:23-24:

Итак образы небесного должны были очищаться сими, самое же небесное лучшими сих жертвами. Ибо Христос вошел не в рукотворенное святилище, по образу истинного устроенное, но в самое небо, чтобы предстать ныне за нас пред лице Божие.

Скиния открывает для нас образ пути в святилище, в присутствие Всемогущего Бога. Нам не надо идти ощупью, или строить догадки, или поступать просто как нам захочется или вздумается. Есть абсолютно ясный, предписанный Богом путь вхождения в святилище. Он открывается нам в организации отделений скинии и различных предметах ее обустройства, которые мы встречаем по мере нашего продвижения к цели.

Скиния состоит из трех главных отделений: (1) внешний двор; (2) Святое, находящееся за первой завесой; и (3) Святых, скрытое за второй завесой. Скиния имеет триединую структуру: одно строение с тремя частями. Такая структура говорит о многом. Она отображает сущность Триединого Бога — Отца, Сына и Святого Духа. Она отображает структуру небес — Писание упоминает о том, что Павел был восхищен до третьего неба (см. 2 Коринфянам 12:2). Она также отражает природу человека — тело, душу и дух.

Чем же отличаются эти части скинии друг от друга? Одно из отличий заключается в способе их освещения. На внешнем дворе освещение является естественным: солнце днем, луна и звезды ночью. В Святом, которое находится за первой завесой, свет является искусственным. Освещение обеспечивает семисвечник. Но в Святом Святых, за второй завесой, нет ни естественного, ни искусственного освещения. Единственным источником света там является сверхъестественное присутствие Всемогущего Бога, пребывающее в этой небольшом ограниченном пространстве внутри шатра скинии. Славу видимого присутствия Божьего, которая приносит свет, евреи называют *шехиной* — «пребыванием». Единственный источник света для Святого Святых, третьей части скинии — это проявленное присутствие Всемогущего Бога среди Своего народа.

Эти три отделения скинии отражают многие стороны нашей духовной жизни и опыта. Но сейчас я хотел бы рассмотреть их применительно к трем составляющим человеческой личности, о которых уже было упомянуто ранее: тело, душа и дух.

Как уже было сказано, мы поклоняемся Богу не в теле, и не в душе, но в духе. Итак, внешний двор относится к телу. Святое место соответствует душе. А Святое Святых соответствует духу. Только в духе мы имеем отношения с Богом в поклонении. Следовательно, окончательное место поклонения находится в Святом Святых, за второй завесой.

Итак, как человек входит в поклонение? Следуя образцу продвижения в скинии, начиная с внешнего двора и заканчивая в Святое Святых.

Внешний двор

Продвижение по скинии всегда начинается с внешнего двора. Точно также и мы, в своем приближении к Богу, всегда начинаем с физической, естественной реальности. Эта часть скинии относится к телу и к жизни Иисуса Христа на земле. Он ходил по улицам городов Галилеи, Иудеи и Иерусалима, как Человек, Которого можно было видеть, слышать и осязать естественными органами чувств. Таким образом, во внешнем дворе мы получаем откровение через наши естественные органы чувств, и благодаря естественному человеческому пониманию.

Первый предмет, который мы встречаем во внешнем дворе, это медный жертвенник. Я запомнил слова одного учителя, который отметил, что этот жертвенник со всех сторон был покрыт полированной медью, поэтому, подходя к нему и смотря на него, вы видели самого себя. На этом жертвеннике закалывались и приносились Богу все жертвенные животные. Для нас этот медный жертвенник представляет искупившую нас смерть Христа. Жертвенник говорит о крови, пролитой Христом, чтобы мы могли получить искупление и примирение с Богом. Это стартовая позиция. Мы не можем миновать крест. Только начав с креста и приняв приобретенное жертвой Иисуса за нас — купленное пролитием Его крови — мы можем двигаться дальше в нашем продвижении к поклонению.

Четыре стороны медного жертвенника

Медный жертвенник имеет четыре стороны, которые представляют четыре вида обеспечения Божьего, которое было произведено Богом благодаря смерти Иисуса на кресте. Первое, прошение наших прошлых грехов. Это является основополагающим моментом. Если ваши грехи не прощены, то вы не сможете сделать ни шагу дальше. Об этом же сказано в Послании Римлянам 3:25:

Которого Бог предложил в жертву умилостивления в Крови Его через веру, для показания правды Его в прощении грехов, соделанных прежде.

Вторая сторона олицетворяет удаление греха. Есть важное отличие между *грехами* во множественном числе (совершенными грешными действиями) и *грехом* как духовной силой (злой, разрушающей, порабощающей силой, которая понуждает вас грешить или совершать греховные действия). Грех является источником грехов. Когда мы разбираемся с грехами, мы имеем дело только с ветвями дерева. Но есть еще и ствол, который питает все греховные ветви.

Второе послании Коринфянам 5:21:

> *Ибо не знавшего греха* (Иисуса) *Он сделал для нас жертвою за грех, чтобы мы в Нем сделались праведными пред Богом.*

Произошел обмен. Иисус был сделан жертвой за все наши греховные действия (букв. «сделан грехом всей нашей греховности» — примеч. переводчика), чтобы мы, в свою очередь, могли быть сделаны праведниками всей Его праведности. Здесь речь идет не о *грехах*, а о *грехе*. Мы читаем в Послании Евреям 9:26:

> *Иначе надлежало бы Ему многократно страдать от начала мира. Он же однажды, к концу веков, явился для уничтожения греха жертвою Своею.*

Христос пострадал однажды, потому что через это страдание Он сделал все, что необходимо было сделать.

Третья сторона жертвенника это наша старая, тленная, порочная природа — бунтарь, который сидит внутри каждого из нас. Послание Римлянам 6:6:

> *...Ветхий наш человек распят с Ним...*

Греческий глагол «*распят*» стоит в прошедшем времени. Это уже произошло. Это исторический факт. Это истина, знаете вы об этом или нет. Единственное, что если вы не знаете об этом, то вы не сможете получить пользы от этого.

Зная то, что ветхий наш человек распят с Ним, чтобы упразднено было тело греховное, дабы нам не быть уже рабами греху...

Грех был лишен своей законной силы. Он больше не имеет власти держать нас в рабстве. Единственное избавление от рабства греха лежит через смерть нашей ветхой, греховной природы. Ветхий человек находится в таком безнадежном состоянии, что у Бога нет лекарства для него. Божий план не в том, чтобы послать его в церковь, или заставить его выучить наизусть «Десять заповедей», или сделать его религиозным. Божий план прост: *казнить его*. Это единственное решение для ветхого человека — ветхого Адама.

Милость Божья в том, что эта казнь уже была совершена Иисусом на кресте. Когда Иисус умер, наш ветхий человек умер в Нем. Если вы знаете это и возлагаете ваше упование на это, тогда это работает. Но если вы не знаете этого, то вы не можете возложить свое упование на это, и это не будет работать. Но если вы и знаете это, но не уповаете на это, то это также не будет работать. Знание и упование — вот, что приводит это в действие.

Четвертая сторона жертвенника, является приношение себя Богу в жертву всесожжения. Это приношение Богу, которое полностью сжигалось на огне жертвенника. Если вы изучите порядок жертвоприношений в книге Левит (все эти жертвы символизировали Иисуса), то вы обнаружите, что первым приношением, о котором там сказано, являлась жертва всесожжения, которая полностью сжигалась и полностью посвящалась Богу (см. Левит 1:3). Только потому, что Иисус принес жертву всесожжения на алтаре Божьей воли — на Голгофском кресте — только поэтому все остальное может иметь место. Первый шаг сделан не со стороны человека, грешника, но со стороны Бога. Если бы Иисус не сказал: *«впрочем не как Я хочу, но как Ты»* (Матфея 26:39), тогда все остальное никогда бы не произошло.

Изучая скинию, вы увидите, что Писание открывает ее в обратном направлении, противоположном нашему вхождению в нее и продвижению по ней. Библия начинает описание с ковчега завета и движется к внешнему двору. Почему так? Потому что инициатива в спасении и искуплении исходит от Бога, а не от человека. Если бы Бог не захотел, тогда вообще ничего не случилось. Если бы Иисус не принес этой первоначальной жертвы всесожжения (полного посвящения) на Божьем жертвеннике — на Голгофском кресте, тогда не было бы спасения ни для вас, ни для меня. Итак, для нас порядок обратный. Сначала наши грехи должны быть прощены; грех должен быть удален; ветхая природа должна быть умерщвлена, казнена, распята. И только после этого мы будем способны принести себя Богу, как угодную Ему жертву всесожжения.

Двенадцатая глава Послания Римлянам такими словами: *«Итак умоляю вас, братия...»* Слово *«итак»* относится ко всей истине Евангелия, раскрытой ранее, в одиннадцати главах этого послания. Что, после всего этого, Бог просит сделать нас с нашей стороны? Римлянам 12:1-2:

> *Итак умоляю вас, братия, милосердием Божиим, представьте тела ваши в жертву живую, святую, благоугодную Богу, для разумного служения вашего...*

Пока вы не побывали у всех трех сторон этого медного жертвенника, вы не сможете принести себя Богу в качестве приемлемой для Него жертвы. Но если вы сделали все правильно и желаете принести себя Ему, тогда Он говорит: «Предоставь Мне твое тело». Немногие христиане осознают это. Бог желает получить в Свое распоряжение полностью все наше тело. В Ветхом Завете жертвенные животные сначала закалывались, а потом их тела целиком помещались на жертвенник. Бог говорит: «Я хочу, чтобы ты точно также возложил на Мой жертвенник все свое тело — все полностью, без исключения. Но не мертвое тело, а живое».

...И не сообразуйтесь с веком сим, но преобразуйтесь обновлением ума вашего, чтобы вам познавать, что есть воля Божия, благая, угодная и совершенная.

До тех пор, пока вы не положите ваше тело на жертвенник, вы не сможете обнаружить волю Божью. Когда вы сделаете это, ваш разум обновится, и воля Божья начнет открываться для вас. Но вы не сможете двигаться дальше до тех пор, пока вы не побываете на четырех сторонах жертвенника.

Итак, первое, прошлые грехи прощены. Затем, Бог удаляет их. После этого, ветхий человек казнен. И тогда, наконец, все тело помещено на жертвенник в полном подчинении Богу. С этого момента вы не являетесь владельцем своего тела. Вы не принадлежите самому себе, за вас была заплачена полная цена и вы были куплены (см. 1 Коринфянам 6:19-20).

Медный умывальник

Следующее, с чем мы встречаемся, это медный умывальник, который описан в книге Исход 30:17-21:

И сказал Господь Моисею, говоря: Сделай умывальник медный для омовения и подножие его медное, и поставь его между скиниею собрания и между жертвенником, и налей в него воды; и пусть Аарон и сыны его омывают из него руки свои и ноги свои. Когда они должны входить в скинию собрания, пусть они омываются водою, чтобы им не умереть; или когда должны приступать к жертвеннику для служения, для жертвоприношения Господу, пусть они омывают руки свои и ноги свои водою, чтобы им не умереть. И будет им это уставом вечным, ему и потомкам его в роды их.

Итак, там был жертвенник и скиния, а между ними стоял медный умывальник. Никто не имел права пройти мимо него. Абсолютно каждый, приближающийся к скинии, был обязан пройти через него. Никто не имел права пройти мимо умывальника, не умывшись в нем. Если кто-то дерзал сделать это, то наказанием за это была смерть. Умывальнику придается очень большое значение.

Умывальник символизирует Слово Божье. Позднее в книге Исход 38:8 мы читаем:

И сделал умывальник из меди и подножие его из меди с изящными изображениями, украшающими вход скинии собрания.

(Во всех остальных переводах, включая переводы Торы на русский язык, сказано, что умывальник *«был сделан из медных полированных зеркал служащих женщин, которые собирались у входа в скинию собрания».* Вот, например, перевод этого стиха, сделанный архимандритом Макарием: *«И сделал умывальницу медную, и основание ей медное, из зеркал служительниц, которые служили при дверях скинии собрания»* — примеч. редактора.)

Материалом для изготовления этого умывальника послужили медные зеркала израильтянок, которые посещали и поклонялись в скинии. Помните, что в то время у них не было стекла. Самым лучшим зеркалом тогда была отполированная, гладкая медь. Следовательно, относительно умывальника у нас есть три факта: (1) он был сделан из зеркал, (2) он был медным, и (3) он был наполнен водой. Каждая из этих особенностей говорит о Слове Божьем.

Во-первых, Слово Божье является зеркалом. Послание Иакова 1:23-24:

Ибо, кто слушает слово и не исполняет, тот подобен человеку, рассматривающему природные черты лица своего в зеркале: он посмотрел на себя, отошел — и тотчас забыл, каков он.

Божье Слово показывает нам не наш внешний вид. Оно отражает нам наше внутреннее духовное состояние. Если вы желаете знать, кто вы в действительности в глазах Божьих, всмотритесь в это зеркало. Чем больше я читаю Библию, тем более я начинаю видеть свое отражение, свои изъяны, и свои немощи.

Посмотрев в зеркало, вы можете сделать две вещи. Вы можете сказать, что вы, на самом деле, не выглядите так уж плохо, как показывает зеркало, и просто отойти, не сделав ничего. Или же вы можете предпринять что-то в соответствии с тем, что вы увидели, произвести необходимые изменения и поправки. В таком случае, как сказал Иаков, вы будете получите благословение в том, что вы делаете. Запомните, благословлены не просто слушатели Слова, но делатели — люди, которые действуют на основании него.

Во-вторых, Божье Слово является нашим судьей. Медь всегда символизировала анализ состояния и Божий суд. Бог исследует вас, нет ничего скрытого, все обнажено и открыто для глаз Господа. В Евангелии от Иоанна 12:47-48 записаны такие слова Иисуса:

> *И если кто услышит Мои слова и не поверит, Я не сужу его: ибо Я пришел не судить мир, но спасти мир. Отвергающий Меня и не принимающий слов Моих имеет судью себе: слово, которое Я говорил, оно будет судить его в последний день.*

Первое послание Петра говорит нам, что Бог Отец является Судьей (см. 1 Петра 1:17). Иоанн говорит нам, что Отец передал весь суд Сыну (см. Иоан. 5:22). Но в 12-ой главе Евангелия от Иоанна Иисус говорит, что Он не собирается судить, а передал весь суд Слову.

И суд будет осуществлен в соответствии со стандартом Слова. Оно является абсолютным стандартом Божьего суда, что дает нам благословенную возможность судить самих себя. *«Ибо если бы мы судили сами себя, то не были бы судимы»* (1 Кор. 11:31). Не были бы судимы кем? Богом. Он говорит нам, что если бы мы судили самих себя, смотря в зеркало, то Ему не пришлось бы судить нас.

В-третьих, умывальник наполнен водой, которая символизирует Слово Божье, как средство нашего очищения. Послание Ефесянам 5:25-27:

> *Мужья, любите своих жен, как и Христос возлюбил Церковь и предал Себя за нее, чтобы освятить ее, очистив банею водною посредством слова; чтобы представить ее Себе славною Церковью, не имеющею пятна, или порока, или чего-либо подобного, но дабы она была свята и непорочна.*

Это место Писания говорит сначала о кресте, на котором Христос принес Себя в жертву. Затем здесь говорится об *«очищении водой посредством Слова»*. Благодаря чему Он очищает и освящает то, что Он сначала искупил Своей кровью. Запомните: **Христос Своей кровью искупил Церковь, чтобы затем Он смог очистить и освятить ее водой Слова Божьего**.

Очищение, святость, и исполнение воли Божьей зависят от крови Креста и воды Слова. Всякий, кто, хотя и прошел через медный жертвенник, но не омылся в умывальнике, повинен смерти. Вы можете быть искуплены по вере в смерть Христа на кресте, но если вы омыты в воде Слова, то вы не можете быть освящены. Иисус придет за Церковью, которая стала святой и славной благодаря омытию водой Слова. Это предельно ясно. Любой верующий, который не изучает Слово, не открывается Слову, не подчиняется Слову, не живет Словом, не может тешить надежду быть готовым к пришествию Христа. Первое послание Иоанна 5:6:

> *Сей есть Иисус Христос, пришедший водою и кровию и Духом, не водою только, но во-*

*дою и кровию; и Дух свидетельствует о Нем,
потому что Дух есть истина.*

Иисус пришел как Спаситель, Который пролил Свою кровь. Без пролития крови нет прощения грехов и искупления (см. Евр. 9:22). Но Он также пришел и водой как Великий Учитель. Он пролил Свою кровь, чтобы затем получить возможность очистить и освятить тех, кто был искуплен Им, омытием водою Слова. Он пришел водой и кровью.

5

Наша душа:
от эмоций к поклонению

Мы продолжаем наше продвижение во святилище. В Ветхом Завете Бог дал Моисею земной образец Небесной реальности и истины. Но только благодаря заключению Нового Завета во Христе мы действительно можем войти в небесную реальность, только тень которой была видна в Ветхом Завете.

Итак, мы входим из внешнего двора скинии в Святое. Мы вступаем за первую завесу. Если спроектировать это на человеческую личности, то мы переходим из сферы физической — от нашего тела, в сферу эмоциональную — в сферу нашей души. Если спроектировать это на жизнь Христа, то мы переходим из области земных дней Иисуса, когда Он ходил по земле, к откровению Иисуса восставшего из смерти через воскресение. И это откровение можно получить только благодаря Писанию. Второе послание Коринфянам 5:15-16:

> *А Христос за всех умер, чтобы живущие уже не для себя жили, но для умершего за них и воскресшего. Потому отныне мы никого не знаем по плоти; если же и знали Христа по плоти, то ныне уже не знаем.*

Сейчас мы говорим о том факте, что Иисус не только умер, но и воскрес. Мы переходим из внешнего двора — сферы естественного знания, за первую завесу — в сферу, где мы получаем откровение от Святого Духа.

Первая завеса

Оставляя внешний двор, мы в первую очередь, должны пройти через первую завесу. Я верю, что она символизирует воскресение Христа. Когда мы проходим через эту завесу, мы входим в сферу, доступ к которой мы получили через воскресение Иисуса из мертвых. В определенном смысле, она говорит о нашем отождествлении со Христом в воскресении. Послание Колоссянам 3:1:

Итак, если вы воскресли со Христом, то ищите горнего, где Христос сидит одесную Бога.

Мы умерли со Христом, но Писание говорит, что мы также были воскрешены с Ним.

Святое

В Святом месте находятся три главных объекта: (1) стол хлебных приношений, (2) светильник, и (3) золотой жертвенник для воскурения фимиама. Я верю, что это все символизирует соответствующие функции нашей души.

Стол для хлебных приношений

Стол хлебных приношений, или стол хлебов предложения, олицетворяет человеческую волю. В Писании хлеб символизирует силу. А сила души не в ее интеллекте и не в ее эмоциях, но в ее воле. Вы можете иметь блестящий интеллект и обильные эмоции, и все-таки оставаться очень слабым.

Когда я проповедую, то не стремлюсь затронуть эмоции людей. Я стремлюсь коснуться их волю и повлиять на нее. Сравнительно нетрудно возбудить людей эмоционально, но это абсолютно ничего не даст, если мы не произведем перемен в их воле. Это должно быть нашей целью. Итак, стол хлебов предложения символизирует человеческую волю.

В Псалмах есть слова, которые является ключевыми именно для того вопроса, с которым мы сейчас разбираемся. Псалом 103:14-15:

> *Ты произращаешь траву для скота, и зелень на пользу человека, чтобы произвести из земли пищу и вино, которое веселит сердце человека, и елей, от которого блистает лице его, и хлеб, который укрепляет сердце человека.*

Здесь дано описание трем видам Божьего обеспечения для человеческой души. Вино — это эмоции. Елей — это интеллект. Обратите внимание на слово *«блистает»*, которое говорит о свете, просвещении. Наконец, хлеб говорит о воле. Божье обеспечение суммировано в этих трех вещах: (1) семя (зерно), (2) вино, и (3) елей (масло).

В первой главе Книги пророка Иоиля описано состояние Божьего народа, который был оставлен Им. Он был лишен этих трех вещей и Божьего присутствия. Во второй главе Книги пророка Иоиля Бог дает обещание, что Он изольет Свой Дух, и добавляет: *«вот, Я пошлю вам хлеб* (букв. *зерно) и вино и елей, и будете насыщаться ими»* (Иоиля 2:19). Зерно — это сила воли и Слово Божье. Елей — это просвещение Святого Духа. А вино — это радость Господа. Ваша жизнь бедна, скудна и неполноценна, если вы не имеете всех трех. Но Бог обещает обеспечить нас ими, если мы обратимся к Нему.

Сам Христос дал образец воли. Послание Евреям 10:5-7:

> *Посему Христос, входя в мир, говорит: «жертвы и приношения Ты не восхотел, но тело уготовал Мне. Всесожжения и жертвы за грех неугодны Тебе. Тогда Я сказал: вот, иду, как в начале книги написано о Мне, исполнить волю Твою, Боже».*

Тело Христа было приготовлено для одной цели: исполнить Божью волю. Точно также, есть только одна причина, почему мы имеем тела: исполнять Божью волю. Все остальное является вторичным. Сам Иисус сказал в Евангелии от Иоанна 5:30:

Я ничего не могу творить Сам от Себя. Как слышу, так и сужу, и суд Мой праведен, ибо не ищу Моей воли, но воли пославшего Меня Отца.

Это очень важный принцип. Вы можете судить праведно, справедливо — ваше понимание и различение будут правильными — когда вы будете искать не своей собственной воли. Когда вы ищете воли Отца, тогда вы не будете в обмане и заблуждении. Вы будете иметь проницательность, вы будете иметь различение, и вы будете иметь правильное суждение. Но когда вы начинаете искать своей собственной воли, тогда вы окажетесь в заблуждении.

В Евангелии от Матфея 26:39 мы видим окончательное утверждение этого:

Отче Мой! если возможно, да минует Меня чаша сия; впрочем не как Я хочу, но как Ты.

Мы видим то, как Иисус полностью подчинил Свою волю Отцу. Точно также, через подчинение вашей воли, вы обнаружите совершенную волю Божью.

Именно исполнение воли Божьей давало силу Иисусу. Это можно увидеть в Его обращении к Своим ученикам, после Его беседы с самарянкой у колодца. Евангелие от Иоанна 4:31-34:

Между тем ученики просили Его, говоря: Равви! ешь. Но Он сказал им: у Меня есть пища, которой не знаете. Посему ученики говорили между собою: разве кто принес Ему есть? Иисус говорит им: Моя пища есть творить волю Пославшего Меня и совершить дело Его.

Придя к колодцу, Иисус был физически истощен. Но когда Он засвидетельствовал женщине и исполнил волю Божью, это придало Ему физическую силу. Он больше не чувствовал потребности в подкреплении едой. То же самое истинно и в отношении нас. Исполнение воли Божьей дает нам силу. Посвящение нашей воли исполнению Божьей воли сообщает силу и направление нашим душам.

Фраза *«хлеб предложения»* это не буквальный перевод. В действительности в оригинале написано *«хлеб лица»*. Чьего лица? Это был хлеб, который всегда был пред лицом Божьим. В книге Чисел он назван *«всегдашним»* (постоянным) хлебом (см. Числа 4:7). Это был хлеб, который постоянно находился пред лицом Божьим, день и ночь, семь дней в неделю.

Не думаю, что что-либо произвело более глубокое впечатление на меня, чем понимание того, что моя воля подобна тем хлебам, день и ночь, двадцать четыре часа в сутки находящимся пред Божьим лицом. Бог делает запрос на инспекцию моей воли. На столе должно быть аккуратно и в правильном порядке уложено двенадцать хлебов — если одного хлеба не хватало, или он лежал не на своем месте, то Он желал знать: почему?

Могу уверить вас, что если вы поймете это, то избежите многих бед и душевных страданий. Ваша воля — вот за состоянием чего вы должны следить. На самом деле, именно в вашей воле действительно все берет начало в ваших отношениях с Богом.

Приготовление хлебов предложения описано в книге Левит 24:5-9:

> *И возьми пшеничной муки и испеки из нее двенадцать хлебов; в каждом хлебе должны быть две десятых ефы. И положи их в два ряда, по шести в ряд, на чистом столе пред Господом. И положи на каждый ряд чистого ливана, и будет это при хлебе, в память, в жертву Господу. В каждый день субботы постоянно должно полагать их пред Господом от сынов Израилевых: это завет вечный. Они будут принадлежать Аарону и сынам его, ко-*

торые будут есть их на святом месте, ибо это великая святыня для них из жертв Господних: это — постановление вечное.

Здесь я вижу, один за другим, восемь отличительных качеств хлеба предложения, которые символизируют свойства той воли, которую желает видеть Бог.

Во-первых, мука для приготовления этого хлеба должна быть лучшего, тончайшего помола (в других переводах Библии сказано о *«тонкой»* или *«прекрасной»* муке − примеч. редактора) — зерна должны быть раздроблены и измельчены, а потом тщательно помелены и растерты. Итак, Бог, имея дело с человеком, постоянно сокрушает его волю. Для того, чтобы приготовить хлеб, зерно необходимо раздробить. Ваша воля приготовлена, когда она настолько же мягкая и гладкая, как мука тонкого помола. Пока этого не произойдет, Бог будет продолжать толочь, толочь и толочь.

Во-вторых, для того чтобы приготовить хлеб, тесту необходимо придать надлежащую форму. Ваша воля должна соответствовать воле Божьей, открытой в Писании. И образцом, который используется в качестве «формы», является Иисус.

В-третьих, после того, как хлеб приобрел форму, он должен быть испечен на огне. Жар огня символизирует испытания. Вы говорите: «Хорошо, Боже, я хочу исполнить Твою волю». И, похоже, что после этого все обращается против вас. Как говорится: «Пять бед — один ответ». На протяжении одного дня вы проходите через жар нескольких испытаний. Вот тогда и обнаружится, поменяете ли вы свое решение, не выдержав огня? Воспринимаете ли вы происходящее вокруг вас, как *«приключение для вас странное»*? Это идет процесс выпечки хлеба.

В-четвертых, хлеб должен быть выложен в предписанном порядке. Должно быть два ряда хлебов, по шесть в каждом ряду — всего двенадцать хлебов. У вас не должно быть семь в одном ряду и пять в другом. Вот где многие христиане — в частности, люди увлеченные духовными дарами — могут проявить небрежность. Без дисциплины вы не можете быть учеником. Если вы думаете, что это не так важно, положили ли вы пять хлебов в один ряд и семь в другой, то вы не думаете так, как думает Бог. Он заповедал такой порядок: шесть хлебов в каждом ряду, друг напротив друга. Не вразброс, не как придется, не вкось и вкривь. Если ваша воля будет такой, тогда и ваш письменный стол, ваш офис, ваша кухня будет такой. Если у вас есть проблемы с поддержанием порядка в вашей жизни, проверьте свой хлеб предложения.

В-пятых, на хлеб должен быть положен душистый ливан, который в Библии всегда символизирует истинное поклонение — в смирении и послушании. Наш ответ никогда не должен быть таким: «Хорошо, Боже, если Ты настаиваешь, то я сделаю это». Должно быть так: «Благодарю Тебя, Господь. Я рад исполнить Твою волю. Я склоняю свою голову в послушании и поклонении. Да будет исполнена воля Твоя, Господь, на земле, как на небесах». Это стандарт.

В-шестых, как уже было сказано, хлеб должен был постоянно находиться пред лицом Божьим, день и ночь. Бог говорит: «Я хочу видеть, где находится хлеб».

В-седьмых, двойной венец ограждал его по краям стола (см. Исход 37:10-12). Хлеб был настолько драгоценным, что одного ограждения по краям было недостаточно. Был сделан второй оградительный венец, чтобы если малейшая крошка хлеба упала через первое ограждение, то второй венец все равно уберег бы ее от падения на землю. Точно также, вокруг вашей воли есть двойное ограждение. Что это такое? Это бодрствование и молитва. Евангелие от Луки 21:36:

Итак бодрствуйте на всякое время (т.е. 24 часа в сутки) *и молитесь, да сподобитесь из-*

бежать всех сих будущих бедствий и пред-
стать пред Сына Человеческого.

Вы должны жить таким образом, что было бы не-
справедливым со стороны Бога подвергнуть вас тому
же суду, который приходит на головы нечестивых.
«Будьте на страже и молитесь, чтобы сподобиться
(удостоиться, чтобы вас посчитали заслуживающи-
ми) быть избавленными».

В Евангелии от Матфея 26:41: «*...бодрствуйте*
и молитесь, чтобы не впасть в искушение: дух бодр,
плоть же немощна». Иисус говорит: «Вы сказали,
что последуете за Мной во всем, но если вы не бо-
дрствуете и не молитесь, то будете застигнуты врас-
плох». Как раз это и случилось с учениками. Итак,
бодрствование и молитва являются нашей двойной
защитой для сохранения хлебов на их месте.

Наконец, восьмая отличительная особенность
этого хлеба заключалась в том, что он должен был
возлагаться туда свежим. Вы должны регулярно об-
новлять посвящений вашей воли Богу. Смит Виггл-
сворт говорил так: «Каждое новое откровение
требует нового посвящения». Я согласен с этим.
Каждый раз, когда Бог показывает вам новую истину, открывает новую дверь, это требует нового посвящения, нового решения — чтобы свежий хлеб
был положен на стол предложения.

На внешнем дворе находится то, что Бог сделал
для нас. Но когда мы вступаем во Святое, то там
имеет место наш ответ Богу. Все начинается с воли.
Для меня это очень ясно. Когда я иду по улице или
занимаюсь какой-то повседневной деятельностью, я
задаю себе вопрос: «Возложил ли я свой хлеб предложения? На месте ли каждый хлеб? Есть ли что-
то во мне, что не подчинено воле Божьей?» Я не
говорю о подавленности, но о позитивном предвку-
шении исполнения воли Божьей.

Светильник

Следующий предмет обстановки Святого места — это семисвечник, который, как я верю, является прообразом интеллекта — источника света. Семисвечник горел благодаря оливковому маслу. Это представляет человеческий интеллект, озаренный Святым Духом.

Семисвечник, как и херувимы на ковчеге завета, стоявшем в Святое Святых, был сделан из кованого золота. Все остальные золотые предметы в скинии были сделаны из литого золота. Цельное литое золото — это Божественная сущность. Кованое золото — это Божественное творение. Как херувимы были сотворенными существами, точно также как разум человека был сотворенным. К тому же, кованое золото говорит о процессе изготовления, ковки, придачи определенной формы, соответствующей определенному образцу. Полагаю, это представляет два аспекта нашего интеллекта: приобретение знаний и обучение. Чтобы получить светильник разума, угодный Богу, он должен пройти процесс ковки и придания формы. Второе послание Коринфянам 10:4-5:

> *Оружия воинствования нашего не плотские, но сильные Богом на разрушение твердынь: ими ниспровергаем замыслы и всякое превозношение, восстающее против познания Божия, и пленяем всякое помышление в послушание Христу...*

Этот стих говорит именно о сфере разума, что мы оставляем всю нашу собственную плотскую природу, все наши естественные помышления, которые находятся во вражде по отношению к Богу. «Плотские помышления суть вражда против Бога» (Римлянам 8:7). Каждое помышление этого врага (нашего плотского разума) должно быть пленено в послушание Христу. Это процесс выковки золотого светильника.

Как узнать, когда можно сказать, что ваш разум пленен в послушание Христу? Когда все, что вы думаете, находится в согласии с Писанием.

Будучи профессиональным философом, до прихода ко Христу, у меня в начале моей христианской жизни было, наверное, больше проблем с разумом, чем у обычных христиан. Бог показал мне, что это была слабая сфера моей жизни. Он показал мне, что я нуждаюсь в защите для моего разума, и дал мне шлем надежды (см. 1 Фесс. 5:8). Он показал мне, что мирское мышление отчуждено от Бога. Одно из величайших служений Евангелия состоит в том, что оно пленяет людские умы в послушание Христу. И Бог показал мне, что я должен был начать со своего собственного разума.

Конечно же, я не считаю себя достигшим, но могу с уверенностью сказать, что сегодняшний мой разум очень сильно отличается от того, который я имел, будучи молодым человеком. Я сознательно продолжал ковать светильник, пленяя каждую мысль. Через этот процесс должен пройти каждый верующий.

В Псалме 118:130 мы видим, что свет имеет отношение к пониманию:

Откровение слов Твоих просвещает, вразумляет простых.

Затем, в Послании Ефесянам мы видим, что преобразование мышления является *духовным процессом*. Вы должны *«обновиться духом ума вашего»* (Ефес. 4:23). Слово *«обновиться»* в оригинале стоит в настоящем продолжительном времени — *«постоянно обновляясь»* — это говорит о том, что разум находится в процессе постоянного и прогрессирующего обновления. Это не единократное переживание.

Понимание приходит от подчинения вашего разума Святому Духу. Как только Святой Дух получает власть над вашим разумом, Он начинает приводить его в гармонию с Книгой, которую Он написал — с Библией. Когда Святой Дух пленит ваш разум, ваше мышление придет в согласие с Писанием во всем. Однако, это процесс, для которого требуется время.

Как мы увидели в Иисусе образец применения воли, точно также мы имеем в Нем образец правильного мышления. Послание Филиппийцам 2:5:

Ибо в вас должны быть те же чувствования, какие и во Христе Иисусе...

(*«Ваш образ мыслей должен быть таким же, как и образ мыслей Христа Иисуса»* — перевод Слово Жизни.) Научитесь думать так, как думал Иисус. И, по ходу дальнейшего прочтения этого отрывка, вы увидите, что ключевым является слово «смирение». Послание Филиппийцам 2:6-8:

Он, будучи образом Божиим, не почитал хищением быть равным Богу; но уничижил Себя Самого, приняв образ раба, сделавшись подобным человекам и по виду став как человек; смирил Себя, быв послушным даже до смерти, и смерти крестной.

Иисус смирил Себя Самого вплоть до смерти на кресте. Вот такое мышление было у Иисуса. Разум должен принять распятие. Это процесс пленения вашего гордого, упрямого разума в послушание, в смирение и в смерть на кресте. Распятый разум не спорит с Богом. Он не говорит Богу: «Но...». Он говорит: «Аминь, — да будет так».

Просвещение интеллекта зависит от подчинения воли. Ваш разум не будет просвещен до тех пор, пока вы не подчините свою волю. Уже просвещенный разум всегда будет отрывать состояние воли. В конце концов, в скинии светильник был *над* столом хлебов предложения (в Синод. переводе *«против стола»*, см. Исход 26:35 — примеч. переводчика). Если ваша воля не в порядке, то ваш просвещенный разум откроет это, хотя воля будет противиться этому. Если вы будете продолжать упорствовать, то окажетесь во тьме. Вместо истинного откровения, вы будете получать ложные откровения. Иисус сказал: *«Итак, если свет, который в тебе, тьма, то какова же тьма?»* (Матф. 6:23).

Место откровения — Святое Святых — вот куда мы направляемся. Это самое святое место, какое может быть. Чтобы принимать истинные откровения, вы должны быть в правильной связи со Святое Святых. Если вы находитесь в дисгармонии с источником откровения, тогда все, что вы будете получать, это будут ложные откровения.

Вот таким является порядок получения Божественного откровения и направления от Бога. Для этого Божий Дух должен владеть духом верующего и действовать в его духе. Тот, в свою очередь, контролирует душу верующего, а душа контролирует тело верующего. Таким образом, здесь, как и во всем, начало происходит от Бога, и все зависит от воли, которая была полностью подчинена Богу.

Золотой жертвенник курения

Последним предметом в Святом месте является золотой жертвенник курения, который является самым высоким предметом в этом помещении. Он был высотой в два локтя, в то время как высота остального не превышала полтора локтя.

На каждом из четырех углов жертвенника был рог. Между этими четырьмя рогами возжигалось пламя, но не для сожжения жертвенного животного. Единственное, что возжигалось на этом огне, был специальный ладан, который был изготовлен по определенному рецепту, и его запрещалось изготовлять для чего-то иного, кроме как для этого золотого алтаря. В общем, жертвенник курения означал место поклонения в жизни верующего.

Поклонение, которое мы даем Богу, мы не должны отдавать никому иному. Не становитесь поклонниками проповедников, потому что это является злоупотреблением ладаном, который должен воскуряться только на алтаре, который ведет в присутствие Божье.

Мы можем выделить восемь особенностей золотого жертвенника курения. Помните, что мы по-прежнему находимся в сфере человеческой души. Сначала Бог имеет дело с нашей волей (хлебы предложения), затем с интеллектом (светильник), и после этого настает готовность к высвобождению эмоций.

Некоторые люди боятся давать место эмоциям в христианской жизни. Но это не совсем логично, поскольку эмоции являются такой же важной частью человека, как воля и ум. Конечно же, существует опасность выхода эмоций из-под контроля и беспорядка, но процесс продвижения, который мы исследуем, показывает нам, как мы можем вернуть наши эмоции под правильный контроль.

Бог желает, чтобы мы управляли нашими эмоциями, и не позволяли нашим эмоциям управлять нами. Контроль устанавливает воля. Я могу танцевать, радоваться, и приходить в возбуждение, как большинство других людей. Но не мои эмоции побуждают меня к этому, а моя воля. Я не позволяю моим эмоциям диктовать мне. Нельзя сказать, что я произвожу впечатление человека, лишенного эмоций. У меня есть эмоции, но они должны занимать свое правильное место.

Уверен, что вы сможете полностью господствовать над вашими эмоциями, когда вы приведете в правильное состояние вашу волю и ваш интеллект. Но если вы обойдете их стороной, тогда вы будете рабом ваших эмоций.

Итак, первой особенностью жертвенника является то, что он имел четыре стороны и был квадратным, т.е. одинаковой величины по длине и ширине. Это говорит о том, что ваши эмоции должны быть сбалансированы; одного рода эмоции не должны преобладать над другими.

Во-вторых, в то время как стол хлебов предложения имел двойной оградительный венец, золотой алтарь курений был защищен только одним. Какой единственный венец защищает наши эмоции? Это ничто иное, как *самоконтроль*. Помните, что вы несете ответственность за ваши эмоции. Никогда не позволяйте им брать контроль над вами.

В-третьих, огонь символизирует энергичность, чистоту и страстность души. Бог абсолютно не желает лишить нас эмоций, но хочет видеть нас людьми зажженными и страстными. Но это управляемая, освященная, и целеустремленная и постоянная страсть.

Кейт Бут Клибборн, дочь Вильяма Бута (основателя «Армии Спасения»), однажды сказала: *«Иисус любит нас страстно, и Он желает быть любимым страстно»*. Это действительно так. Горящая страсть является частью святости, но все это должны быть на правильном месте и под правильным контролем.

Четвертая особенность золотого жертвенника был благоухающий дым фимиама, что говорило о посвящении, которое стало благоуханием, проходя через огонь испытаний. Фимиам был черной, непривлекательной массой, пока не был зажжен огонь. Проходя через жар огня, он становился прекрасным благоуханием. В то время как мед был сладким и приятным на вид, до тех пор, пока вы не поместите его в огонь. Тогда он становится липкой, черной массой. И Бог сказал, что Он не желает видеть никакого меда в наших приношениях сожжения (см. Левит 2:11). Никаких сладких слов или красивых фраз, если они не смогут выдержать испытание огнем.

В-пятых, дым поднимался вверх. Прекрасный и благоухающий, белый дым является благоговением, выраженным в хвале и поклонении.

В-шестых, рога алтаря должны быть очищаемы (освящаемы) кровью жертвы примирения, которая приносилась каждый год в День Искупления. Другими словами, наше поклонение всегда должно происходить с осознанием того, что мы имеем доступ к

Богу только благодаря крови Иисуса. Если мы когда-либо принесем Богу поклонение не через кровь Иисуса, оно будет полностью неприемлемым для Бога. Жертвенник должен быть освящен кровью. Он является самым высоким предметом обстановки Святого места. Его рога возносились на высоту херувимов, находящихся на престоле благодати. Таким образом, когда мы возносим обильную хвалу, благодарение и поклонение, мы возносимся подобно дыму благоухания на высшие духовные высоты.

Наконец, алтарь находится на границе перехода от души к духу, из Святого в Самое Святое. Нам не открыто иного пути, кроме пути хвалы, благодарения и поклонения.

Итак, мы достигаем этого сокровенного места святости с упорядоченным отношением — наша воля, наш интеллект, наши эмоции находятся в согласии с Божьими требованиями. Теперь мы готовы войти в непосредственное присутствие Божье и найти истинное поклонение.

6

Наш дух: путь в Святое Святых

Мы продвигаемся через скинию — триединое строение, представляющее троичную природу человека. Мы соотнесли три отделения скинии с тремя сферами человеческой личности: внешний двор с телом; Святое с душой; и теперь подошли к Святому Святых, которое представляет человеческий дух.

Вторая завеса

Покидая Святое, мы проходим через вторую завесу. Только один раз в году, в День Искупления, первосвященнику позволялось входить за вторую завесу. Он входил с кровью от медного жертвенника, и с кадильницей, наполненной горящими углями и фимиамом, от золотого жертвенника курения. Все это потому, что вход в Святое Святых должен быть с кровью предвечной жертвы, и с благоуханием поклонения и благоговения. Без поклонения мы не имеем доступа дальше Святого места. Пока мы не научимся истинному поклонению, мы ограничены областью души. Продвижение дальше возможно только через поклонение, освященное кровью. Я вижу во второй завесе прообраз вознесения Христа. Послание Ефесянам 2:4-6:

Бог... оживотворил с Христом, — благодатью вы спасены, — и воскресил с Ним, и посадил на небесах во Христе Иисусе...

Мы не только воскрешены вместе с Ним, но Писание говорит, что мы также вознесены и посажены с Ним на Небесах. Первая завеса является прообразом воскресения из мертвых. Вторая завеса символизирует вознесение, которое подняло нас на небеса и посадило нас на престоле со Христом.

Святое Святых

Вы помните, что внутри Святого Святых не было освещения, если там отсутствовало проявленное, видимое, личное присутствие Бога — славы *шехина*. Вот где имеет место поклонение. Когда мы находимся в присутствии Божьем, тогда мы не нуждаемся ни в каком ином источнике освещения. Здесь мы имеем привилегию общаться с Богом напрямую — личность с Личностью, дух с Духом.

Внутри Святого Святых было только два предмета обстановки, которые находились на одном месте. Во-первых, это ковчег завета. Во-вторых, сверху ковчега завета находился престол милости с двумя херувимами по бокам.

Три функции человеческого духа — поклонение, общение, откровение — имеют значение только в откровении Самого Бога. Человеческий дух сам по себе мертв до тех пор, пока он не соединится с Богом. Наше тело и душа могут функционировать без прямых взаимоотношений с Богом, но дух оживает только в контакте с Творцом. Когда ваш дух отделен от Бога, он мертв, омрачен и ослеплен. Поэтому все функции духа имеют значение только во взаимоотношениях с Самим Богом.

Ковчег завета

Ковчег это Христос, открытый человеческому духу. Или, лучше скажем так, открытый в вашем духе, поскольку в нашем истолковании скинии, Святое Святых представляет человеческий дух. В Библии ковчег всегда является прообразом Христа.

Например, ковчег Ноя символизирует *вас во Христе*. Ковчег Моисея символизирует *Христа в вас*. Они оба являются прообразами взаимоотношений Нового Завета.

Ковчег завета представлял собой деревянный ящик. Для изготовления ковчега, как впрочем, и для всех деревянных деталей скинии, использовалась акация. Он был обложен внутри и снаружи золотом. Дерево символизирует смирение Иисуса, золото символизирует Его Божественную природу. Внутри ковчега находилось три предмета: каменные скрижали с Десятью заповедями, золотой сосуд с манной, и расцветший жезл Аарона — который мы рассмотрим более детально. Позднее скиния была заменена другим строением, которое стало местом обитания Бога в Израиле — храмом, который был построен Соломоном. Когда ковчег был внесен в храм Соломонов, содержание ковчега была изменено. Вторая книга Паралипоменон 5:7-10:

> *И принесли священники ковчег завета Господня на место его, в давир храма — во Святое-святых, под крылья херувимов. И херувимы распростирали крылья над местом ковчега, и покрывали херувимы ковчег и шесты его сверху. И выдвинулись шесты, так что головки шестов ковчега видны были пред давиром, но не выказывались наружу, и они там до сего дня. Не было в ковчеге ничего кроме двух скрижалей, которые положил Моисей на Хориве, когда Господь заключил завет с сынами Израилевыми, по исходе их из Египта.*

Когда был построен храм, а скиния прекратила свое существование, золотой сосуд с манной и жезл Аарона были изъяты из ковчега. Я верю, что скиния является прототипом Церкви настоящего времени: легкая, мобильная, и кочевая. Все имеет шесты для переноски. Все можно снять с места, свернуть, переместить, и собрать снова. Такой является Церковь этого века (данной диспенсации).

Я верю, что храм Соломонов — это Церковь века грядущего: установленная, постоянная, прославленная и царствующая в явной власти. Сейчас она правит невидимым образом — духовно.

Из ковчега были изъяты два предмета. Во-первых, золотой сосуд с манной, которая бы была сокровенной (скрытой, тайной) манной — в грядущем веке она больше не будет сокровенной. Во-вторых, жезл Аарона расцветший, символизирующий Божью силу и власть — в грядущем веке она будет явлена для всех. Однако каменные скрижали неизменно остаются в ковчеге.

Каменные скрижали

Две каменные скрижали олицетворяют вечный, праведный закон Бога. Это закон Вселенной, который является выражением собственной Божьей праведности. Этот закон вечен и неизменен, как Сам Бог. Псалом 39:8-9 говорит нам о связи этого закона со Христом:

Тогда я сказал: вот, иду; в свитке книжном написано о мне: я желаю исполнить волю Твою, Боже мой, и закон Твой у меня в сердце.

Каменные скрижали в ковчеге олицетворяют Христа, имеющего Божий закон в Своем сердце, который никогда ни уклонялся от вечного закона Божьей праведности ни на толщину волоса.

Когда Бог впервые предложил эти каменные скрижали Израилю — это случилось когда Моисей, получив их, сошел с горы — тогда Израиль уже нарушил первую заповедь, занявшись идолопоклонством у подножья той горы. В гневе Моисей бросил эти скрижали и они разбились.

После этого Моисей еще раз взошел на гору, и Бог сказал: «Высеки новые скрижали, и Я напишу на них перстом Моим». Но во второй раз Моисей не получил разрешение показать написанное на каменных скрижалях Израилю. Ему было велено поместить их внутрь ковчега. После этого они покрыли ковчег престолом милости. С того момента никто не имел права поднимать крышку с ковчега. Наказанием была смерть.

Этим был положен конец попыткам человека соблюдать закон собственными усилиями. Однажды человек попытался сделать это, но впал в грех еще раньше, чем закон сошел к нему с горы. Бог решил оставить этот путь, и открыл иной путь. Теперь это уже не человек, соблюдающий закон, но Христос в человеке, имеющий закон в Своем сердце — единственный путь праведности.

Ковчег в вас, а закон в ковчеге. Христос является этим ковчегом. Послание Евреям открывает эту истину о Христу внутри нас, имеющем закон в Своем сердце. Послание Евреям 8:8-10:

Но пророк, укоряя их, говорит: «вот, наступают дни, говорит Господь, когда Я заключу с домом Израиля и с домом Иуды новый завет, не такой завет, какой Я заключил с отцами их в то время, когда взял их за руку, чтобы вывести их из земли Египетской ...

Этот завет был отложен в сторону, потому что Израиль нарушил его еще до того, как он был окончательно заключен.

...Вот завет, который завещаю дому Израилеву после тех дней, говорит Господь: вложу законы Мои в мысли их, и напишу их на сердцах их, и буду их Богом, а они будут Моим народом.

Вот знак принадлежности к Божьему народу: закон Божий не на изображении двух каменных скрижалей, висящем у вас на стене, а записанный на вашем сердце. Именно это делает вас частью Божьего народа. Павел пишет в Первом послании Коринфянам 9:20-21:

Для Иудеев я был как Иудей, чтобы приоб-
рести Иудеев; для подзаконных был как под-
законный, чтобы приобрести подзаконных;
для чуждых закона — как чуждый закона —
не будучи чужд закона пред Богом, но подза-
конен Христу, — чтобы приобрести чуждых
закона...

В действительности, это не совсем точный перевод. На самом деле Павел говорит следующее: «Я в
законе во Христе, потому что Христос является Хра-
нителем закона для меня. Когда Христос управляет
моим сердцем, тогда Божий закон правит в моем сердце, через Христа в моем сердце. Но это не я соблю-
даю закон, а живущий во мне Христос, Который
оживляет Свою законность в моем сердце. Я полностью завишу от Него. Христос во мне — надежда славы» (см. Колоссянам 1:27).

Золотой сосуд с манной

Следующее, к рассмотрению чего мы подошли,
это золотой сосуд с манной, собранной в то время,
когда Бог обеспечивал средства к существованию
Своего народа странствующего по пустыне. В Евангелии от Иоанна 6:48-50 записаны слова Иисуса,
которые Тот сказал о манне:

Я есмь хлеб жизни. Отцы ваши ели манну в
пустыне и умерли; хлеб же, сходящий с не-
бес, таков, что ядущий его не умрет.

Все предельно ясно, Христос сказал: «Я являюсь
истинной манной, истинным хлебом, который схо-
дит с небес». Немного позднее Он сделал потряса-
ющее заявление, Евангелие от Иоанна 6:57:

Как послал Меня живый Отец, и Я живу
Отцем, так и ядущий Меня жить будет
Мною.

По сути, Иисус сказал следующее: «Я имею

жизнь через Мое соединение с Отцом. И каждый, кто верит в Меня, будет иметь жизнь через соединение со Мной, как Я имею соединение с Отцом. И в этом соединении со Мной, такой человек будет питаем Мною. Я буду сокровенной манной его сердца. И этой манной он будет питаться ежедневно, днем за днем».

В книге Откровение 2:17 Иисус обращается ко всем верующим в церкви с таким обещанием о сокровенной манне:

Имеющий ухо слышать да слышит, что Дух говорит церквам: побеждающему дам вкушать сокровенную манну...

Это манна в золотом сосуде. Мы питаемся Христом, этой манной, через наше внутреннее духовное общение с Ним. Питаясь от Него, мы живем Им, точно также, как Он живет благодаря Своему соединению с Отцом. Это внутренний духовное соединение с Христом, посредством которого Он становится сокровенной манной наших сердец.

Жезл Аарона расцветший

Третьим предметом, находящемся в ковчеге, является расцветший жезл Аарона, который Моисей первоначально использовал для того, чтобы продемонстрировать Божьи чудеса перед фараоном и его чародеями.

Спустя какое-то время, лидеры других колен Израиля бросили вызов власти Аарона как первосвященника, и единственного, кто имеет право входить во Святое Святых. Бог сказал: «Мы решим этот вопрос раз и навсегда. Пусть главы всех колен Израиля принесут ко Мне свои жезлы». Жезл был символом власти каждого колена. Каждый глава колена написал свое имя на своем жезле. По повелению Божьему, они положили все свои жезлы пред Богом и вернулись за ними спустя сутки. Когда они вернулись, то обнаружили, что одиннадцать жезлов остались такими же, какими их положили, в то время как двенадцатый жезл пустил почки, расцвел, и принес зрелый миндаль всего за двадцать четыре часа. На расцветшем жезле было написано имя Аарона. Бог доказал власть Аарона (см. Числа 17:1-10).

Сегодня имя на этом жезле не Аарон, а Иисус. Воскресением из мертвых, Бог подтвердил притязания Иисуса на Божественность. Таким образом, жезл являлся Божественным подтверждением, и это подтверждение приходит через Божественное откровение. Когда вы имеете откровение и подтверждение, вы имеете власть.

Теперь, мы имеем картину того, что находится внутри Святого Святых. Внутри ковчега находятся три предмета, которые символизируют следующее (и я верю, что они должны следовать в таком порядке): поклонение, общение и откровение. Следствием нашего приближения в поклонении является общение. Без поклонения вы не имеете общения. Бог не будет общаться с тем, кто приходит к Нему без почтения или наспех, второпях. Но когда вы приближаетесь с поклонением, вы входите в общение. Вы начинаете питаться сокровенной манной из золотого сосуда. И тогда, из этого поклонения и общения, приходит откровение понимания, намерений и воли Божьей. Слава *шехина* освещает это место.

Престол милости

Рассмотрев ковчег, мы переходим к престолу милости, который покрывает ковчег. Как уже было сказано, ковчег — это Христос. Вне Христа нет милости, нет принятия, и нет жизни. Если вы находитесь в ковчеге, то вы находитесь под милостью.

В Послании Римлянам 3:24-25 использовано греческое слово, которое буквально означает «сидение милости», однако в большинстве переводах оно было переведено иначе (в Синод. переводе Послания Евреям 9:5 это слово переведено как «очистилище» — но речь идет именно о крышке ковчега, как о «месте милости, искупления, умилостивления, умиротворения» — примеч. редактора).

Получая оправдание даром, по благодати Его, искуплением во Христе Иисусе, которого Бог предложил в жертву умилостивления в Крови Его ...

(Более точный перевод будет звучать примерно так: *«Которого Бог установил в качестве места милости в Крови Его»* — примеч. переводчика.) Искупление Христово, Его жертва, являются престолом милости, который покрывает нарушенный закон, каменные скрижали заповедей, которые никто из нас оказался не способен принять и соблюсти.

Место милости Христа, становится престолом благодати. Послание Евреям 4:16:

Посему да приступаем с дерзновением к престолу благодати, чтобы получить милость и обрести благодать для благовременной помощи.

Мы можем смело приходить к престолу благодати, потому что Бог восседает на милости, на искупительном труде Христа, который покрывает нарушенный закон.

На ковчеге были два херувима, два небесных творения, сделанные из кованого золота. Они находились друг напротив друга, они были коленопреклоненными, их лица были направлены друг на друга, их крылья были распростерты над ними и концы крыльев соединялись над местом милости.

Это является выражением того же самого: поклонения, общения и откровения. Склоненные колени и крылья херувимов — это поклонение. Лица обращенные друг к другу — это общение. Бог сказал, что в том месте, где встречаются их крылья и куда обращены их лица, там Он откроет Свою славу. Книга Исход 25:20-22:

И будут херувимы с распростертыми вверх крыльями, покрывая крыльями своими крышку, а лицами своими будут друг к другу; к крышке будут лица херувимов. И положи крышку на ковчег сверху; в ковчег же положи откровение, которое Я дам тебе. Там Я буду открываться тебе и говорить с тобою над крышкою, посреди двух херувимов, которые над ковчегом откровения, о всем, что ни буду заповедывать чрез тебя сынам Израилевым.

Здесь Христос восседает как Царь и Первосвященник на Своем престоле. Я верю, что жизнь внутри ковчега должна предшествовать жизни на престоле. Именно жизнь сокрытая в ковчеге дает нам доступ к трону. Сначала идет внутренняя жизнь поклонения, или склонения перед вечным законом. Если вы в смирении не распростретесь пред законом Божьим, у вас не будет доступа. Вы должны научиться питаться сокровенной манной. Вы должны иметь жезл, который сверхъестественным образом расцвел с Божественным откровением.

Когда мы вошли в ковчег, мы можем взойти к месту милости и воссесть на престоле. Иисус желает разделить Его престол с вами, но туда надо идти, шаг за шагом, тем путем, который нам предписан. Я не верю, что вы сможете пропустить какую-нибудь одну из этих стадий. Есть только один путь в Святилище. Это подобно карте, которая дает такое ясное описание, что сообразительный ребенок десяти лет сможет легко понять этот путь, как только Бог откроет его.

Здесь мы имеем то, что можно назвать «конечным продуктом» вхождения во Святое Святых. Здесь происходит поклонение, личное общение и питание Богом. Здесь есть откровение, наделение Божьей властью. Здесь Божий праведный закон запечатлевается в нашей совести. Это конечная цель вхождения в поклонение. Мы начали с внешнего двора от медного жертвенника, символизирующего смерть Христа. Мы прошли через первую завесу воскресения Христа. Вошли в Святое место, где отдали Богу нашу волю, интеллект и эмоции. После этого мы прошли через вторую завесу, символизирующую вознесение Христа, и вошли в непосредственное присутствие Божье — во Святое Святых. Там мы вошли в поклонение.

Суть поклонения не в словах, а в состоянии. В основном это не хвала, хотя это может сочетаться с хвалой. Поклонение это отношение, в котором вы приближаетесь к Богу. Поклонение связано с каменными скрижалями, лежащими в ковчеге. Это полное подчинение праведному закону Божьему — закону, который постоянен и неизменен. Поклонение это совершенное благоговение в приближении к Богу.

Продвигаясь через скинию, вы обнаруживаете, чем ближе вы к Богу, тем все меньше становится каждое следующее помещение. В конечном итоге, во Святом Святых, вы оказываетесь в абсолютном квадрате — десять локтей в длину на десять локтей в ширину, и десять локтей в высоту. Если вы не стремитесь туда ради Самого Бога, то там нет ничего, что могло бы заинтересовать вас. Именно так все было задумано Им.

Есть нечто внутри нас, что заставляет нас чувствовать возрастающий страх, по мере нашего приближения к Богу. Большинство из нас приходят к Богу с желанием получить что-то. Мы хотим благословений, мы хотим силы, мы хотим исцелений. Бог желает чтобы мы приходили просто ради Него Самого. Поэтому мы не войдем в это место до тех пор, пока не придем к Богу ради Самого Бога. Мы приближаемся к Богу, как к Богу. Мы поклоняемся Ему, мы склоняемся перед Ним. Мы питаемся от Него, мы наслаждаемся Им. Затем приходит откровение.

7

Четыре благословения Нового Завета

Если вы не познакомились с устройством скинии, то есть одна книга в Новом Завете, которая, по моему твердому убеждению не будет иметь для вас никакого смысла — это Послание Евреям — потому что смысл всего этого послания основан на скинии и на священстве. Однажды я слышал такое выражение, что книга Левит это Послание Евреям Ветхого Завета, а Послание Евреям это книга Левит Ветхого Завета.

В десятой главе этого послания мы видим ясное приложение изученного нами. Евреям 10:19—22:

> *Итак, братия, имея дерзновение входить во святилище посредством Крови Иисуса Христа, путем новым и живым, который Он вновь открыл нам через завесу, то есть, плоть Свою, и имея великого Священника над домом Божиим, да приступаем с искренним сердцем, с полною верою, кроплением очистив сердца от порочной совести, и омыв тело водою чистою...*

В этих стихах говорится о четырех великих благословениях Нового Завета и о четырех главных требованиях к истинным поклонникам. В этой главе мы конкретизируем каждое из четырех перечисленных благословений.

Нам открыт доступ в Святое Святых

Какая невероятная привилегия! Я просто не могу выразить словами, насколько меня изумляет то, что мы имеем прямой доступ в непосредственное присутствие Всемогущего Бога. Препятствием к этому была человеческая греховность и плотская природа. Но с ними было покончено на кресте, как сказано в Послании Римлянам 8:3:

Как закон, ослабленный плотию, был бессилен, то Бог послал Сына Своего в подобии плоти греховной в жертву за грех и осудил грех во плоти...

Закон не мог сделать этого не потому, что с законом было что-то не в порядке. Павел говорит, что закон свят, праведен и добр (см. Римлянам 7:12). Каждая заповедь закона была верной. Я по-прежнему могу смотреть на эти каменные скрижали и другие предписания закона и говорить: «Буду делать это!», но есть что-то внутри меня, что говорит: «О, нет. Ты не сможешь этого. На самом деле, чем сильнее ты будешь пытаться исполнить это, тем хуже у тебя будет получаться». Павел говорит об этом так. Римлянам 7:15-17,21:

Ибо не понимаю, что делаю; потому что не то делаю, что хочу, а что ненавижу, то делаю. Если же делаю то, чего не хочу, то соглашаюсь с законом, что он добр. А потому уже не я делаю то, но живущий во мне грех.

Итак я нахожу закон, что, когда хочу делать доброе, прилежит мне злое.

В тот самый момент, когда я пытаюсь исполнить закон, моя плотская, бунтарская природа восстает во мне. И чем сильнее я пытаюсь быть добрым, тем хуже оказываюсь. Я обнаружил это в возрасте пятнадцати лет, после того как прошел конфирмацию в англиканской церкви. Я действительно решил, что наконец пришло то время, чтобы стать намного лучше, чем я был, и был уже давно. Я сказал: «Настал мой час и я не подведу. Я буду чистить зубы, принимать причастие, и буду хорошим». И что же? Я никогда не был настолько плохим, как сразу после конфирмации.

Проблема в самонадеянности. *«Проклят человек, который надеется на человека и плоть делает своею опорою, и которого сердце удаляется от Господа»* (Иер. 17:5). Когда вы говорите: «Вот закон, и я исполню его», то вы возлагаете надежду на самого себя и попадаете под проклятье. *«Проклят, кто не исполнит всех слов закона сего»* (Втор. 27:26). Если вы собираетесь быть под законом, то вам необходимо будет исполнять предписания закона *постоянно (круглосуточно и семь дней в неделю)* и *все целиком и полностью (без единого исключения)*. Если вы не будете делать этого, тогда ваше соблюдение закона бесполезно. Если вы всего только раз нарушите хотя бы одно предписание, то станете нарушителем всего закона навсегда. Либо все, либо ничего.

Я признаю закон хорошим. Есть что-то во мне, что говорит: «Все это хорошо. Вот так я должен жить». Послание Римлянам 7:22-23:

Ибо по внутреннему человеку нахожу удовольствие в законе Божием...

Но во мне есть что-то еще — бунтарь.

... Но в членах моих вижу иной закон, противоборствующий закону ума моего и делающий меня пленником закона греховного, находящегося в членах моих.

Слово «пленник» имеет значение «захваченный на войне». Павел говорит: «Я старался воевать на стороне Бога, но, в конечном итоге, оказался на противоположной стороне, сражаясь против Бога. Я был захвачен на войне. Я делаю это не добровольно. Есть нечто, что делает меня пленником. Я не могу справиться с этим». Римлянам 7:24-25:

> *Бедный я человек! кто избавит меня от сего*
> *тела смерти? ...Итак тот же самый я умом*
> *моим служу закону Божию, а плотию закону*
> *греха.*

Это не совсем точный перевод. Лучше было бы перевести так: «Сам по себе я могу служить закону Божьему, но по своей плотской природе я являюсь рабом закона греха, и не могу изменить этого». Каким же является средство избавления? Римлянам 8:3:

> *Как закон, ослабленный плотию, был бесси-*
> *лен...*

Закон бессилен изменить мою природу. Он говорит мне, *что* делать, но не дает мне силы делать это.

> *Как закон, ослабленный плотию, был бесси-*
> *лен, то Бог послал Сына Своего в подобии*
> *плоти греховной в жертву за грех и осудил*
> *грех во плоти.*

В какой плоти Он осудил грех? В плоти Иисуса. Бог расправился с грехом при помощи тела Иисуса. Его тело стало жертвой за грех. Вот где было раз и навсегда покончено с грехом. Когда мы понимаем это, мы освобождаемся от цепей и вины греха.

Поэтому, возвращаясь к Посланию Евреям 10:19-20, мы читаем:

> *Итак, братия, имея дерзновение входить во*
> *святилище посредством Крови Иисуса Хри-*
> *ста, путем новым и живым, который Он*
> *вновь открыл нам через завесу, то есть*
> *плоть Свою...*

Наша плотская природа — это завеса. Она была разорвана, когда тело Иисуса прошло через распятье на кресте. Мы не можем пройти через завесу, приближаясь к Богу — завеса должна быть убрана.

С плотской природой должно быть покончено. С ней было покончено в теле Христа. Когда Его плоть была растерзана и разодрана на кресте за наши грехи, также и завеса храма разодралась.

Храм был построен по тому же самому триединому образцу, что и скиния: внешний двор, Святое, и Святое Святых. Храм был лишь более основательным и долговременным сооружением. Согласно Божественному образцу, Святое Святых было отделено потрясающе красивой, плотной, непроницаемой завесой. Но когда Иисус умер на кресте, сразу за стеной Иерусалима, в тот же самый момент кое-что случилось в Святое Святых. Евангелие от Матфея 27:50-51:

Иисус же, опять возопив громким голосом, испустил дух. И вот, завеса в храме раздралась надвое, сверху донизу...

Пусть не возникает никаких сомнений по поводу того, откуда пришла инициатива. Она пришла от Бога, а не от человека. Завеса была разорвана не снизу вверх, а сверху вниз. Путь в Святое Святых был открыт через смерть Иисуса, потому что в Его плоти на кресте Бог осудил и устранил грех. Теперь Святое Святых открыто для нас.

Дерзновение в крови Иисуса

Чтобы перейти ко второму благословению Нового Завета, давайте снова обратимся к десятой главе Послания Евреям, это Евреям 10:19-20:

Итак, братия, имея дерзновение входить во святилище посредством Крови Иисуса Христа, путем новым и живым, который Он вновь открыл нам через завесу, то есть плоть Свою...

Слово «дерзновение» имеет скорее объективный смысл, чем субъективный. Другими словами, это не то, что я имею эмоциональную смелость, но что я имею законное дерзновение, которое приходит от обладания абсолютным и бесспорным правом на доступ туда. Чувствую я себя при этом уверенно или нет — это вопрос второстепенный. Очень важно понять это. Иногда люди неправильно понимают смысл слова *«дерзновение»*, которое стоит здесь. Однако это говорит больше о неоспоримом праве доступа через кровь Иисуса (чем о том, чувствуем мы дерзновение или нет).

В книге Левит говорится о ветхозаветной церемонии. Когда только одному первосвященнику позволялось только в определенный день входить во Святое Святых. Это было всего один раз в год в День искупления. Сегодня евреи называют этот день *Йом-Киппур* — «День Покрытия (грехов)» — как и прежде, для ортодоксальных евреев это день поста и сетования.

Целая глава книги Левит является еще одной демонстрацией истины вхождения во Святое Святых. Но мне бы хотелось заострить ваше внимание лишь на крови жертвы за грех. Левит 16:11-12:

> *И приведет Аарон* (первосвященник) *тельца в жертву за грех за себя, и очистит себя и дом свой, и заколет тельца в жертву за грех за себя; и возьмет горящих угольев полную кадильницу с жертвенника, который пред лицем Господним, и благовонного мелко-истолченного курения полные горсти, и внесет за завесу...*

Обратите внимание, кровь с медного жертвенника и курение с золотого жертвенника должны быть объединены для вхождения за завесу. Левит 16:13:

> *И положит курение на огонь пред лицем Господним, и облако курения покроет крышку* («место милости»), *которая над ковчегом откровения, дабы ему не умереть.*

Это не просто религиозная церемония. Это жизнь или смерть — для священника и для всего народа.

Если случится так, что священник не будет принят, тогда весь народ потеряет свою позицию перед Богом. Священник был представителем народа. Левит 16:14:

> *И возьмет крови тельца, и покропит перстом своим на крышку спереди и пред крышкою, семь раз покропит кровью с перста своего.*

Число семь говорит нам о том, что здесь принимает участие Святой Дух. Это делается Духом Святым. Точно также как Иисус, *«Который Духом Святым принес Себя непорочного Богу»* (Евреям 9:14). Кровью окроплялось пространство перед местом милости и само место милости. В действительности, по всему пути через скинию тянулся целый шлейф крови. Без крови не было доступа.

Мы видим параллель в Новом Завете. Искупление, совершаемое Иисусом, не ограничивалось землей. Оно завершилось на небесах. На это ясно указано в Послании Евреям 6:19−20:

> *Которая для души есть как бы якорь безопасный и крепкий, и входит во внутреннейшее за завесу, куда предтечею за нас вошел Иисус...*

Здесь говорится не о земной скинии, а о скинии на небесах. Иисус вошел за завесу. Предтеча — это представитель, это тот, кто говорит: «За мной идут другие. С этого момента открыт путь для тех, кто следует за мной». Иисус является нашим Предтечей. Он вошел за завесу.

Затем Писание говорит, Послание Евреям 9:11-12:

> *Но Христос, Первосвященник будущих благ...*

Лучший перевод звучит так: «благ, которые были достигнуты» (в большинстве современных переводов на русский язык: «явившихся благ» — примеч. редактора). Другими словами, в отличие от закона (который имел только образы, тени и обещания), все эти блага стали реальностью — это действительно произошло.

Но Христос, Первосвященник будущих благ, пришед с большею и совершеннейшею скиниею, нерукотворенною, то есть не такового устроения, и не с кровью козлов и тельцов, но со Своею Кровию, однажды вошел во святилище и приобрел вечное искупление.

Иисус, входя в небесное святилище, внес туда Свою кровь.

Послание Евреям 9:23-24:

Итак образы небесного должны были очищаться сими, самое же небесное лучшими сих жертвами.

Небесное должно было быть очищено, но не кровью козлов и тельцов.

Ибо Христос вошел не в рукотворенное святилище, по образу истинного устроенное, но в самое небо, чтобы предстать ныне за нас пред лице Божие...

Как Христос вошел в святилище? Со Своей собственной кровью. Об этом еще отчетливее сказано в Послании Евреям 12:22-24:

Но вы приступили к горе Сиону и ко граду Бога живаго, к небесному Иерусалиму...

Речь идет не о земном Иерусалиме. Мы приступили, мы пришли к нему — не физически, но в Духе.

...и тьмам Ангелов, к торжествующему собору и Церкви первенцев, написанных на небесах, и к Судии всех Богу, и к духам праведников, достигших совершенства...

Это сказано о вас и обо мне. Наша главная резиденция на небесах. Вы записаны на небесах в

Книге Жизни Агнца, или же просто внесли свое имя в список членов церкви? Нет ничего плохого в том, чтобы быть записанным в число членов церкви, но этого недостаточно.

> *...и к Ходатаю нового завета Иисусу, и к Крови кропления, говорящей лучше, нежели Авелева.*

Кровью Авеля была окроплена земля. О чем она взывала? О *мщении*. Кровь Иисуса была кропима на Небесах. О чем она взывала? О *прощении*. Если бы вы только смогли поверить в эту потрясающую истину, что кровь Иисуса всегда говорит в вашу пользу, на вашей стороне в присутствии Самого Бога! Если вы не поверите в это, то не сможете попасть на Небеса. Бог, как Судья, никогда не введет вас туда. Даже Иисус вошел на Небеса не без Своей крови. Туда есть только один доступ — через кровь Иисуса, окропленную на Небесах.

Путь новый и живой

Третье великое благословение Нового Завета — это путь новый и живой, которым является Иисус. Он открыл путь, истину и жизнь. И Он Сам проложил этот путь. Путь, которым прошел Иисус, это путь, которым идем мы — нет другого пути. Это путь отречения самого себя, послушания, жертвенности, и смерти. Это путь новый и живой. Первое послание Петра 2:21:

> *Ибо вы к тому призваны; потому что и Христос пострадал за нас, оставив нам пример, дабы мы шли по следам Его...*

Следы Иисуса являются путем новым и живым. Каким является первый шаг, когда вы желаете следовать за Иисусом? Евангелие от Матфея 16:24:

> *Тогда Иисус сказал ученикам Своим: если кто хочет идти за Мною, отвергнись себя, и*

возьми крест свой, и следуй за Мною...

Самоотречение. Это не просто отказ от мяса на
время поста! В этом нет ничего плохого, но не это
является самоотречением. Отречься себя это означает
говорить «нет» своему эго. Когда наше «я» говорит:
«А я хочу...», тогда отречься себя — это способность
сказать: «нет». Когда наше «я» говорит: «А я думаю...», самоотречение говорит: «нет». Что ты ду-
маешь, это абсолютно неважно. Если то, что вы
думаете, действительно имеет значение, то вам не
надо отрекаться себя. Самоотречение — это «нет»
тому старому ослу, который сидит внутри вас.

Более того, оставление явных грехов это еще не
самоотречение. Это делать нужно, но самоотречение это отречение своего эго, своего «я», которое
стремится самоутвердиться, сделать себя важным,
заставить весь мир вращаться вокруг себя — вокруг того, что «я хочу», что «я думаю», что «я чувствую». Насколько оно не Божье, настолько оно
все неважно.

Первый шаг в следовании за Иисусом это сказать
«нет» всему этому. Всякий желающий следовать за
Христом, должен взять свой крест. Всякий берущий
свой крест отрекается себя. В Евангелие от Матфея
26:39 и 42 мы видим кульминацию самоотречения:

*И, отошед немного, пал на лице Свое, молил-
ся и говорил: Отче Мой! если возможно, да
минует Меня чаша сия; впрочем не как Я хочу,
но как Ты.*

*Еще, отойдя в другой раз, молился, говоря:
Отче Мой! если не может чаша сия миновать Меня, чтобы Мне не пить ее, да будет
воля Твоя.*

Каждое новое движение, каждый новый шаг впе-
ред в Боге начинается с повторения: «не как я хочу,
но как Ты». Иисус отверг Свою волю не один раз.
Каждый раз, когда Он встречался с выбором между

Своей волей и волей Отца, Он повторял отказ: «не как Я хочу, но как Ты». Это путь новый и живой.

Чудесно в этом то, что когда вы направляете свое сердце на следование за Богом, вы радуетесь. Хотя это звучит тяжело, но это наполняет ваше сердце радостью. Но если ваше сердце не направлено на следование за Богом, тогда все, что вы можете видеть, это то, насколько это неприятно. Послание Евреям 2:10:

> *Ибо надлежало, чтобы Тот, для Которого все и от Которого все, приводящего многих сынов в славу, вождя спасения их совершил через страдания.*

(«*И правильно это, что Бог, через Которого и для Которого существует всё и вся, сделал Того, Кто ведёт сыновей Его к спасению, совершенным через Его страдание, чтобы привести множество сыновей Своих к славе*» — Современный перевод)

Иисус стал совершенным через Его страдание. Он наш Вождь. Мы делаемся совершенными таким же самым образом, каким и Он стал совершенным — через страдания, которые мы проходим в результате нашего послушания. Как результат слов: «*не как я хочу, но как Ты*». Это не от тех страданий, которые приходят из-за непослушания. Тот род страданий не очищает вас, не освещает вас и не делает вас совершенными. Послание Евреям 2:11:

> *Ибо и Освящающий и освящаемые, все — от Единого; поэтому Он не стыдится называть их братиями...*

«*Освящающий*» — это Иисус. «*Освящаемые*» — это вы и я. «*Единый*» от Которого все мы: Иисус, вы и я — это Отец. Таким образом, мы освящаемы Отцом точно также, как Иисус был «*соделан совершенным*». Путь Иисуса ведет к освящению, святости и совершенству. Вот этот путь. Послание Евреям 5:7:

Он, во дни плоти Своей, с сильным воплем и со слезами принес молитвы и моления Могущему спасти Его от смерти; и услышан был за Свое благоговение...

«Новая Английская Библия» говорит: *«Он был услышан по причине Своего смиренного подчинения».* Его молитва была услышана. Это дух приближения к Богу. Иисус является совершенным примером. Он был услышан, потому что Он имел благоговейный страх. Это ключевой ответ на вопрос, почему нет ответа на некоторые молитвы. Я мог бы привести полдюжины других причин, но Бог показал мне, что это является корнем. Вы можете научить людей всем принципам того, как получать ответы на свои молитвы, но если их отношение является неправильным, эти принципы не работают. В первую очередь идет отношение. Иисус был услышан за Свое благоговейное смирение. Послание Евреям 5:8:

...Хотя Он и Сын, однако страданиями навык послушанию...

(*«Несмотря на то, что Он был Сыном, Он в Своих страданиях научился послушанию»* — Перевод Международного Библейского Общества)

Он научился тому, что такое подчинение, через страдания, которые были следствием Его подчинения и послушания. Послание Евреям 5:9:

...И, совершившись, сделался для всех послушных Ему виновником спасения вечного.

(*«И став совершенным, Он превратился в источник вечного спасения для всех, кто Ему послушен»* — Современный перевод.)

Именно так Он проложил этот путь — новый и живой.

Иисус был Богом, является Богом, и всегда будет Богом. Вместе с тем, Он стал Человеком, и будет Человеком всегда. Не забывайте, Он по-прежнему является Человеком. *«Ибо един Бог, един и посред-*

ник между Богом и человеками, человек Христос Иисус» (1 Тим. 2:5).

Когда Он *опустошил* Себя (в Синод. переводе *«уничижил Себя»* (Фил. 2:7) — примеч. переводчика), то Он сделал это без всяких условий — Он просто опустошил Себя (оставил всю, принадлежащую Ему славу, власть, позицию — примеч. переводчика). Он был послушен до самой смерти, и *«посему и Бог превознес Его и дал Ему имя выше всякого имени»* (Фил. 2:9). Лишив Себя всего, Он заслужил Свое возращение на место возвышения, восхождения на престол.

Слово *«посему»* указывает на то, что Его возвышение было результатом Его послушания. Если бы Он не был послушен, то Он никогда бы не мог вернуться назад. Поэтому Он является совершенным примером развития, зрелости и достижения совершенства. Он, как Человек, достиг совершенства через послушание. Как мы сможем достичь совершенства? Через послушание — поэтому оставьте теорию и просто будьте послушны.

Мы имеем Великого Первосвященника

Итак, что мы уже имеем? Мы имеем открытый доступ в Святое Святых. Через кровь Иисуса мы имеем объективное право на доступ. И мы имеем путь новый и живой, который помогает нам осуществить этот доступ. Ко всему этому, мы имеем Великого Первосвященника, Который ожидает нас. Кто Он? Иисус. Он является Первосвященником в двух отношениях. Послание Евреям 8:1−2:

> *Главное же в том, о чем говорим, есть то: мы имеем такого Первосвященника, Который воссел одесную престола величия на небесах и есть священнодействователь святилища и скинии истинной...*

Прежде всего, Он является служителем святилища.

Имеете ли вы хоть какое-нибудь представление о том, что значит быть первосвященником в Израиле? Он должен быть исполнять множество правил. Он должен был знать, как убивать животное, что делать с печенью, с ногами, с сердцем, головой, шкурой. Он должен был знать, с какой стороны жертвенника кропить кровью. Кроме этого, было огромное множество мельчайших предписаний, которые он должен быть выполнять.

Иисус является служителем истинного святилища. Когда Он вошел в туда, Он сделал все правильно. Как Первосвященник, Он выполнил Божьи условия — все до единого. Поскольку Он сделал все правильно, то наш доступ туда гарантирован.

Во-вторых, Он является посредником (ходатаем) нового завета. Послание Евреям 9:15:

И потому Он есть Ходатай нового завета...

Он служит вам и мне в том, что было достигнуто благодаря Его жертве. Через Дух Святой Он передает это нам. Когда мы следуем этим путем, то Он производит в нас то, что необходимо для каждой стадии нашего приближения к Нему. Благодаря Нему завет работает в вас и во мне. Исполнив всю земную работу, заложив фундамент, уйдя к Богу, Он обратился к нам и делает все необходимое в каждом, кто повинуется Ему, чтобы совершить наш доступ. Он является посредником завета.

Таким образом, мы имеем четыре благословения нового завета. *Во-первых*, завеса разорвана и путь открыт. *Во-вторых*, благодаря Крови мы имеем объективное, законное, неоспоримое право доступа. *В-третьих*, мы имеем живой путь в святилище, которым перед нами прошел Иисус: послушание, самоотречение, жертва и смерть ветхого человека. Иисус сказал, что всякий потерявший свою жизнь, найдет ее (см. Матфея 10:39). Греческое слово, которое здесь переведено словом «жизнь», имеет значение «душа». Вы должны сложить свое душевное «я» и сказать: «нет». После этого вы найдете путь внутрь. *В-четвертых*, мы имеем Великого Первосвященника, Который точно знает, что необходимо сделать, и делает это в совершенстве.

8

Четыре требования для истинных поклонников

Возвращаясь к Посланию Евреям, мы находим там четыре главных требования к истинным поклонникам — что Бог ожидает от Своих поклонников, если они открывают себя к тому, что Бог совершает в них. Послание Евреям 10:22:

Да приступаем с искренним сердцем, с полною верою, кроплением очистив сердца от порочной совести, и омыв тело водою чистою.

1. Искреннее сердце

Что такое «искреннее сердце»? Вот значение греческого оригинала: *истинное, подлинное, искреннее, настоящее, справедливое, честное, преданное, полностью посвященное и отданное.*

Если я люблю мою жену с таким сердцем, то я люблю ее от всего сердца. Я ни в коем случае не буду обдумывать возможность быть в чем-то неверным по отношению к ней. Полагаю, что есть понятие, которое необходимо вернуть в наш словарь — это слово «преданность». Сегодня для некоторых людей верность и преданность стали старомодными и примитивными понятиями.

Что заставило апостола Иоанна стоять рядом с Марией у креста, когда все остальные ученики убежали? Теология ли? Ни в коем случае. Это была верность. Что привело Марию Магдалину к могиле рано утром? Доктрина ли? Нет, это была верность. Она стремилась быть верной этому Человеку, даже если все, что от Него осталось, это было безжалостно растерзанное тело. Похоже, что сегодня такого рода верности не слишком много среди некоторых верующих. Мы должны быть преданы Иисусу и преданны друг другу. Вот что такое искреннее сердце. Псалом 50:8−12:

> *Вот, Ты возлюбил истину в сердце и внутрь меня явил мне мудрость. Окропи меня иссопом, и буду чист; омой меня, и буду белее снега. Дай мне услышать радость и веселие, и возрадуются кости, Тобою сокрушенные. Отврати лице Твое от грехов моих и изгладь все беззакония мои. Сердце чистое сотвори во мне, Боже, и дух правый обнови внутри меня.*

Слово «вот» говорит о внезапном осознании, откровении, уяснении. Давид был верующим человеком уже достаточно долгое время, но в этом момент он сделал удивительное открытие: *«Ты возлюбил истину в сердце и внутрь меня явил мне мудрость»*. Я верю, что истина и мудрость идут вместе. Вы не будете иметь внутренней мудрости, до тех пор, пока вы не будете иметь истины в сердце. Откровение внутренней, скрытой мудрости приходит не через разум, но через искреннее, истинное и честное сердце.

Когда в вашем сердце открывается путь для греха, тогда оно не может быть исправлено, обновлено или изменено. Чтобы дать вам чистое сердце, необходим Божий творческий акт. Давид говорит о Божьих врагах следующее, Псалом 138:21−22:

> *Мне ли не возненавидеть ненавидящих Тебя, Господи, и не возгнушаться восстающими на Тебя? Полною ненавистью ненавижу их; враги они мне.*

Имеют ли право христиане говорить такое? Одни люди могут сказать, что имеют, другие люди могут сказать, что не имеют. Но Давид обращается к другому источнику. Псалом 138:23-24:

Испытай меня, Боже, и узнай сердце мое; испытай меня и узнай помышления мои...

Давид спрашивал Бога: «Если что-то внутри меня, что является врагом Твоим? Узри, есть ли что-то внутри меня, что противится Тебе?» Можете вы пригласить Бога сделать это? Не бойтесь. Когда дело доходит до исповедания, я говорю людям: «Помните, что вы ни скажите ничего, чего Бог уже не знает. Это не сюрприз для Него. Ваше исповедание нужно вам, а не Ему».

...и зри, не на опасном ли я пути, и направь меня на путь вечный.

Прежде чем Бог сможет поставить нас на этот вечный путь, мы должны позволить Ему исследовать и испытать наши сердца — искоренить любого Божьего врага, который мог прокрасться туда. Пусть Бог покажет вам, что в вашем сердце, и тогда позвольте Ему разобраться с этим. Обнажите это перед Ним.

В Книге пророка Исаии 29:13 сказано:

И сказал Господь: так как этот народ приближается ко Мне устами своими, и языком своим чтит Меня, сердце же его далеко отстоит от Меня, и благоговение их предо Мною есть изучение заповедей человеческих...

Это почитание Бога без сердца. Это почитание Бога устами, но при этом сердце далеко отстоит от Него. Величайший грех религиозных людей, к которому Иисус относился строже всего, имея дело с фарисеями, это *лицемерие*.

Знаете, что означает лицемерие? Это понятие произошло от греческого слова, означающего актера. Религия это лишь театральное представление. Античная драма, использующая определенное количество масок, когда актер, играющий определенную роль, надевает соответствующую маску. Пустая религия использует определенный набор масок, который вы используете, пока находитесь в церкви. Вы обнаружите, что многие религиозные люди используют даже иной тон голоса внутри церкви. Когда они молятся, они используют искусственный, неестественный, фальшивый тон.

И Бог говорит, что Он лишит лицемеров способности видеть истину. Книга пророка Исаия 29:14:

> *То вот, Я еще необычайно поступлю с этим народом, чудно и дивно, так что мудрость мудрецов его погибнет, и разума у разумных его не станет.*

Бог ищет поклонников с истинным сердцем, не лицемеров, ни религиозных актеров. Он любит искренние сердца, преданные и истинные. Однажды я услышал такое высказывание: мы говорим *вера*, а подразумеваем *послушание*. Могу сказать, что мы говорим *вера*, а подразумеваем *верность* — верность Христу, чего бы это нам ни стоило. Думаю, вы обнаружите, что они дают тот же самый результат.

2. Полнота веры

Таким образом, первое требование для истинного поклонника, это *истинное сердце*. Следующее условие — это *полнота веры*. Имеете ли вы полноту веры? Что это, результат наших усилий и потуг? Должны ли мы накачивать себя и говорить: «Я полон веры»? Нет, вера это решение. Вот почему неверие это, в первую очередь, грех. Что это такое, иметь полноту веры? Псалом 118:128:

> *Все повеления Твои, все признаю справедливыми; всякий путь лжи ненавижу.*

Все, что говорит Бог, это правильно. Все, что не согласно с Ним, является ложным путем. Это не чувства или эмоции, это решение. Я намерен быть в согласии с тем, что говорит Бог.

Когда я был спасен и крещен в Святом Духе в армейском бараке, то я ничего не знал о доктрине Нового Завета. Но я глубоко осознал и принял один факт: Библия — является истинным Словом Божьим. Эта книга содержит все ответы. Это Книга, которая говорит мне, что со мной происходит.

Интеллектуальные споры базируются на нежелании принимать решение. Если вы будете ждать до тех пор, пока вы ни поймете всей Библии, прежде чем вы поверите ей, то вы будете долго ждать. Если вы будете ждать, пока вы не поймете все об Иисусе Христе, прежде чем примете Его, то вы будете долго ждать. Вера это решение в отношении Христа и Писания. Слава Богу, я сделал это решение. Мой разум отдыхает. Я имею совершенный внутренний мир. Второе послание Коринфянам 10:4-5:

> ... *Ниспровергаем замыслы* («опровергаем приводимые доводы») *и всякое превозношение, восстающее против познания Божия, и пленяем всякое помышление* («мысль, мышление, сознание») *в послушание Христу.*

Вы можете делать все негативное, что описано в этом стихе. Ваш ум натренирован спорить с Богом. По самой своей природе, он противится Богу. Послание Римлянам 8:7:

> *Потому что плотские помышления суть вражда против Бога.*

Ваша ответственность сдерживать этого врага, закрыть ему рот и лишить его возможности говорить. Послание Иакова 1:6—8:

> *Но да просит с верою, ни мало не сомневаясь, потому что сомневающийся подобен морской волне, ветром поднимаемой и развевае-*

мой: да не думает такой человек получить что-нибудь от Господа. Человек с двоящимися мыслями не тверд во всех путях своих.

Человек с двоящимися мыслями, нестабильный, колеблющийся не получит ничего от Бога. Прямо с этого момента настройте свой разум так: все, что сказал Бог, это правильно. Это полнота веры.

Мне бы хотелось добавить к этому еще одно предостережение, которое Бог показал мне. Второе послание Фессалоникийцам 2:10−12:

...Они не приняли любви истины для своего спасения. И за сие пошлет им Бог действие заблуждения, так что они будут верить лжи, да будут осуждены все, не веровавшие истине, но возлюбившие неправду.

Если вы читаете это место Писания в первый раз, то у вас должно перехватить дыхание. Все очень просто: если вы не полюбите истину и не верите истине, то вы будете верить лжи. Ева выбрала именно это. Бог говорил ей истину; сатана говорил ей ложь. У нее был выбор. Она избрала ложь — это и есть неверие. Что такое неверие? Это вера лжи. Это не значит не верить ни чему, — каждый верит во что-то. Решение всегда то же самое — буду я верить Богу, или же буду верить сатане? Бог говорит, если вы не верите истине, то Он видит это как веру лжи.

Не шутите в этим. Пусть никогда не будет так, что вы будете верить только в то, что вам подходит, а на остальное смотреть сквозь пальцы. Неполное послушание — это непослушание. Неполная вера — это неверие. Вы или примете истину, либо окажетесь под обольщением. По мере того, как век сей подходит к концу, народ Божий должен сделать свой выбор.

3. Сердца кроплением очищенные от порочной совести

Следующее требование к истинному поклоннику — это сердце, кроплением очищенное от порочной совести. Послание Римлянам 5:9:

Посему тем более ныне, будучи оправданы Кровию Его, спасемся Им от гнева.

Послание Римлянам говорит нам, что мы оправданы кровью Иисуса. Если вы знакомы с моим учением, то вы знаете мою расшифровку слова «оправданы»: *сделаны такими праведными, как если бы никогда не грешили.* Вот какого рода праведными нас делает кровь Иисуса. Здесь больше нет места чувству вины за грех. Послание Римлянам 8:1:

Итак нет ныне никакого осуждения тем, которые во Христе Иисусе живут не по плоти, но по духу...

Первое послание Иоанна 1:9:

Если исповедуем грехи наши, то Он, будучи верен и праведен, простит нам грехи наши и очистит нас от всякой неправды.

Первое послание Иоанна 3:21:

Возлюбленные! если сердце наше не осуждает нас, то мы имеем дерзновение к Богу...

С другой стороны, если я имею какое-то осуждение в своем сердце, то я не имею доступа к Богу. Псалом 65:18:

Если бы я видел беззаконие в сердце моем, то не услышал бы меня Господь.

Вы должны восстать в вере: «Все мои грехи прощены. Я исповедовал их все. Бог простил их все. Кровь Иисуса Христа очищает меня от всякой неправедности. Я оправдан — как если бы никогда не грешил». Верите ли вы в это? Я верю. Я Действительно верю в это. Я не позволяю своему разуму и близко допускать какие-либо религиозные сомнения. Я верю, что Бог верен и праведен. Я верю, что Он простил мне все мои грехи и очистил меня от всякого беззакония. Мне не надо съеживаться в присутствии Божьем. Мне не надо канючить и заискивать. Я могу ходить прямо. Левит 26:13:

> *Я Господь Бог ваш, Который вывел вас из земли Египетской, чтоб вы не были там рабами, и сокрушил узы ярма вашего, и повел вас с поднятою головою.*

Послание Евреям 10:17 говорит еще лучше:

> *...И грехов их и беззаконий их не воспомяну более.*

Хотя Бог все знает о прошлом, настоящем и будущем, Он не злопамятен. Он является Великим Забывателем! Но при этом надо знать, что Он забывает только то, что Он решил забыть. Если Он решит забыть что-то, то не вспомнит это никогда.

4. Тела омытые водой чистой

Знаете ли вы, что состояние вашего тела влияет на ваш доступ к Богу? Послание Евреям 10:22:

> *Да приступаем с искренним сердцем, с полною верою, кроплением очистив сердца от порочной совести, и омыв тело водою чистою...*

Что это значит, что нам необходимо омыть тело водой чистой? О какой чистой воде идет речь? Это чистая вода Слова Божьего. Как Божье Слово очищает нас? Первое послание Петра 1:22:

> *Послушанием истине чрез Духа, очистив души ваши...*

Божье Слово очищает нас через Дух. Слово, которое было оживленно Духом и которому мы подчинились, очищает нас. Первое послание Иоанна 3:3:

> *И всякий, имеющий сию надежду на Него, очищает себя так, как Он чист.*

Будьте послушны Слову, данному вам через Дух, и вы очистите себя. В какой степени чистыми мы должны быть? Как Он чист. Бог имеет только один стандарт — Иисус. Первое послание Фессалоникийцам 4:3-4:

> *Ибо воля Божия есть освящение ваше, чтобы вы воздерживались от блуда; чтобы каждый из вас умел соблюдать свой сосуд в святости и чести...*

Наше тело это сосуд, и Библия говорит, что воля Божья в том, что вы должны знать, как хранить этот сосуд незагрязненным — чистым и святым. Первое послание Фессалоникийцам 5:23:

> *Сам же Бог мира да освятит вас во всей полноте, и ваш дух и душа и тело во всей целости да сохранится без порока в пришествие Господа нашего Иисуса Христа.*

Писание говорит, что в том числе и ваше тело должно быть сохранено без порока в пришествие Господа. Здесь сказано о полной святости всего нашего естества. Если ваше тело не сохранится без порока, что бы это ни означало, то это неполная святость. Воля Божья в том, чтобы вы знали, как содержать этот сосуд в святости и чести.

Главной темой шестой главы Первого послания Коринфянам является важность тела. Большинство христиан воспитывались с таким отношением, что наше тело не слишком важно. Библия говорит не так. Пожалуйста, обратите внимание на то, что недооценивать свое тело — это не Библейское отношение. Первое послание Коринфянам 6:12:

*Все мне позволительно, но не все полезно;
все мне позволительно, но ничто не должно
обладать мною.*

Никто не запрещает мне съедать по три пачки мороженного за один раз, но это мне неполезно. Сладости, кофе, нездоровая пища, не говоря уже о сигаретах и алкоголе, не должны обладать мной. Как однажды сказал Лестер Самралл: *«В то утро, когда я встану с постели и почувствую, что не могу начать день без чашечки кофе, я не буду пить его».* Это хорошее решение. Когда вы становитесь зависимым от чего-то, вы порабощаетесь этим. Первое послание Коринфянам 6:13:

*Пища для чрева, и чрево для пищи; но Бог
уничтожит и то и другое...*

Пища для желудка, и желудок для пищи. Но ни то, ни другое, не вечно. Наслаждаетесь ими, пока вы имеете их — это не будет продолжаться слишком долго.

*... тело же не для блуда, но для Господа, и
Господь для тела.*

Большинство христиан смогут сказать «аминь» на первую часть этого стиха, но что означает, что ваше для Господа, а Господь для вашего тела? Давайте по порядку исследуем Первое послание Коринфянам 6:14–20:

*Бог воскресил Господа, воскресит и нас силою Своею. Разве не знаете, что тела ваши
суть члены Христовы?*

Члены Христа на земле — это наши физические члены. Это всё, через что Он должен действовать.

*Итак отниму ли члены у Христа, чтобы
сделать их членами блудницы? Да не будет! Или не знаете, что совокупляющийся
с блудницею становится одно тело с нею?
ибо сказано: «два будут одна плоть». А со-*

единяющийся с Господом есть один дух с Господом.

Ранее мы говорили о соединении человеческого духа с Духом Божьим в поклонении. Здесь мы снова видим прямую параллель между сексуальным совокуплением с блудницей и духовными отношениями с Господом. Соединяющийся в отношениях любви с Господом, един в духе с Ним.

> *Бегайте блуда; всякий грех, какой делает человек, есть вне тела, а блудник грешит против собственного тела. Не знаете ли, что тела ваши суть храм живущего в вас Святого Духа, Которого имеете вы от Бога, и вы не свои? Ибо вы куплены дорогою ценою. Посему прославляйте Бога и в телах ваших и в душах ваших, которые суть Божии.*

Сексуальный грех оскверняет тело. Вы не принадлежите самим себе. Это относится и к вашему телу. Вы являетесь собственностью Бога. Главная и первая задача вашего тела — служить как храм для Святого Духа. *«Всевышний не в рукотворенных храмах живет»* (Деяния 7:48). Вы можете построить Ему самый величественный и красивый храм или собор, и Он может почтить его Своим присутствием, когда Его народ собирается там. Однако местом Его обитания является физическое тело искупленного верующего. Евангелие от Матфея 28:19:

> *Итак идите, научите все народы, крестя их во имя Отца и Сына и Святаго Духа.*

После того, как вы посвящаете свою жизнь Христу, вы принимаете крещение — погружение в очищающее, освящающее действие, которое символизирует вода. Все предоставляемое на Божий алтарь должно быть очищено водой. Это не делает вас чистым физически, то делает вас святым в истинном смысле святости, в смысле отделения для Бога. Петр сказал: *«Покайтесь, и да крестится каждый из вас»* (Деяния 2:38). Сколько должно креститься? *«Каждый из вас»*. Как только вы сделали это, вы предоставили ваше тело в качестве «живой жертвы». Павел пишет в Послании Римлянам 12:1:

> *Итак умоляю вас, братия, милосердием Божиим, представьте тела ваши в жертву живую, святую, благоугодную Богу...*

Ваше тело освящено, когда оно возложено на Божий алтарь. Вот как соблюдать свой сосуд, свое тело, в святости и чести. Держать его на жертвеннике. Иисус сказал фарисеям: *«Безумные! Не жертва освящает жертвенник; а жертвенник освящает жертву»* (см. Матфея 23:18-19). Если вы поместите ваше тело на Божий алтарь, до, тех пор, пока оно находится в контакте с алтарем, оно освящено. Но если вы прервете контакт, то вы потеряете свое освящение.

Ваше тело не принадлежит вам, оно принадлежит Богу. Послание Римлянам 6:12–13:

> *Итак да не царствует грех в смертном вашем теле, чтобы вам повиноваться ему в похотях его; и не предавайте членов ваших греху в орудия неправды, но представьте себя Богу, как оживших из мертвых, и члены ваши Богу в орудия праведности.*

Суммируя все вышесказанное: (1) ваше сердце должно быть кроплением очищено от порочной совести, (2) вы должны осознавать прощение ваших грехов и очищение вашего сердца, и после этого (3) ваше тело должно быть омыто чистой водой — чистой водой Слова Божьего.

Вы очищаете себя послушанием истины, открытой вам Святым Духом. Первое очищающее действие после уверования — это погружение, прохождение через воду, отделение для Бога. После этого, вы возлагаете ваше тело, освященное кровью и водой, на алтарь Божьего служения. Вы предоставляете каждый член своего тела Богу, в качестве инструмента для исполнения Его воли. И после этого ваше тело является сосудом для Него. Мы являемся единственными инструментами Иисуса Христа, которые Он имеет на этой земле для исполнения Его воли в это время. Наши члены являются членами Христа.

9

Выражение поклонения в нашем физическом положении

Нет такого понятия как *статическое поклонение*. Нет такого рода поклонения, которое не производит реакции со стороны на нашего тела. Поклонение является активным (т.е. обязательно проявляется в действиях).

Я имею привилегию читать Библию на языках оригинала: Ветхий Завет — на еврейском языке, а Новый Завет — на греческом языке. Некоторое время назад я решил исследовать все слова, которые используются для описания поклонение на обоих языках. Делая это, я обнаружил то, что удивило меня и трансформировало все мое представление о поклонении. Я обнаружил, что каждое без исключения слово, которое описывает поклонение, обозначает также и позу или положение тела. Приведу вам несколько примеров, начиная со склонения головы (верхней части тела) и далее вниз (до положения более низких частей тела).

Голова

В 24 главе книги Бытие слуга Авраама был послан в Месопотамию, с задачей найти невесту для Исаака, сына Авраама. Слуга не знал, куда он должен пойти и с кем должен встретиться. Хотя слуга не осознавал этого, но Господь направил его прямо к родственникам Авраама — в семью Авраамова брата. Поиск супругов среди недалеких родственников было традиционным для того времени. Поэтому, когда слуга узнал, что женщина, которую он встретил, Ревекка, была племянницей Авраама, Писание говорит: *«И преклонился человек тот и поклонился* (склонил голову) *Господу»* (Бытие 24:26).

Затем, в книге Исход, Мы читаем о возвращении Моисея и Аарона из пустыни, когда они принесли слово порабощенному народу Израиля, о том, что Бог сошел и решил освободить их из рук египтян. После того, как они передали свое послание старейшинам, мы читаем: *«и поверил народ; и услышали, что Господь посетил сынов Израилевых и увидел страдание их, и преклонились они и поклонились* (склонили голову)*»* (Исход 4:31).

В некоторых других ситуация, физическое положение может отличаться, но трудно найти в Библии положение поклонения, которое не сопровождалось быть склонением головы.

Например, когда мы с Руфью обедаем в ресторане, мы практически всегда произносим не слишком продолжительную молитву благодарения. Мы не можем в данном случае склонить колени или простереться на полу, но склонить голову можно практически везде. Воодушевляю вас, в следующий раз, когда вы будете выражать благодарение за пищу, не держите вашу голову прямо, склоните ее. Это очень многое меняет в вашем отношении с Богом. Это простое, но очень важное действие.

Руки

Одним из величайших поклонников на земле был Давид. Он дал нам два разных положения рук, которые выражают поклонение. В Псалме 62:2-5 мы находим такие прекрасные слова:

Боже! Ты Бог мой, Тебя от ранней зари ищу я; Тебя жаждет душа моя, по Тебе томится плоть моя в земле пустой, иссохшей и безводной, чтобы видеть силу Твою и славу Твою, как я видел Тебя во святилище.

Во время своей молитвы Господу, Давид находился в пустыне Иудейской. Затем он продолжает:

Ибо милость Твоя лучше, нежели жизнь. Уста мои восхвалят Тебя. Так благословлю Тебя в жизни моей; во имя Твое вознесу руки мои.

Поднятие рук во имя Господа это акт поклонения, который много раз описывается в Библии.

В Псалме 140:2 Давид описывает то же самое положение рук:

Да направится молитва моя, как фимиам, пред лице Твое, воздеяние рук моих — как жертва вечерняя.

Фимиам сразу же говорит нам о том, что речь идет о поклонении. В храме была утренние и вечерние жертвы. Давид просит Бога принять поднятие его рук в качестве вечерней жертвы при окончании дня.

Затем, в Псалме 142:6, Давид описывает другое положение рук:

Простираю к Тебе руки мои; душа моя к Тебе, как жаждущая земля.

Снова обратите внимание на стремление к Богу.

Полагаю, что есть разница в значении этих двух положений рук. Когда вы поднимаете ваши руки, вы подтверждаете Божье могущество и власть. Когда вы протягиваете раскрытые руки, то вы открыты к принятию.

Однажды, когда мы с Руфью были на одном собрании в Голландии, Руфь простерла свои руки во время того, как мы переживали действительно чудесное поклонение. Потом она сказала мне: «Мои руки становились такими тяжелыми, что я не могла удержать их». Еврейское слово, означающее славу, это то же самое слово, которое означает вес: *хевед* или *хеврон*. Я сказал ей: «Бог наполняет твои руки Своей славой».

Я говорю вам об этом, потому что я хочу, чтобы вы увидели, насколько реально Бог имеет дело с нашими телами. Мы не просто бестелесные духи, парящие где-то в воздухе; мы люди, которые живут в очень реальных физических телах. И Бог желает иметь полный контроль над нашими телами в поклонении.

Есть другая деятельность рук, которая мне нравится. Псалом 46:2:

Восплещите руками все народы, воскликните Богу гласом радости...

Когда мы хлопаем в ладоши, мы поклоняемся Богу. Поклонение это не какая-то суровая и неподвижная поза, в которой вы сидите. В поклонении принимает активное участие все тело.

Колени

Другим человеком, который простирал свои руки к Господу, был царь Соломон, когда он посвящал построенный храм. Но Соломон пошел немного дальше. Он не только простирал свои руки, но он перешел к следующему положению поклонения. Вторая книга Паралипоменон 6:12-13:

И стал Соломон у жертвенника Господня впереди всего собрания Израильтян, и воздвиг руки свои, — ибо Соломон сделал медный амвон длиною в пять локтей и шириною в пять локтей, а вышиною в три локтя, и поставил его среди двора; и стал на нем, и преклонил колени впереди всего собрания Израильтян, и воздвиг руки свои к небу...

В Книге пророка Даниила записано о том, как однажды царь Дарий издал указ, в котором повелевалось бросить в яму со львами всякого поклонника, который будет молиться кому-то другому, а не ему. В книге пророка Даниила 6:10 описана реакция Даниила на этот указ:

Даниил же, узнав, что подписан такой указ, пошел в дом свой; окна же в горнице его были открыты против Иерусалима, и он три раза в день преклонял колени, и молился своему Богу, и славословил Его, как это делал он и прежде того.

Даниил регулярно преклонялся и молился в направление Иерусалима (именно так продолжают молиться иудеи — в направление Иерусалима — где бы они не находились на всей земле). Таким образом, Соломон и Дании склоняли колени в молитве.

Затем, в Послании Ефесянам 3:14, Павел пишет:

Для сего преклоняю колени мои пред Отцем Господа нашего Иисуса Христа.

Когда Павел молился и поклонялся, одно из того, что он обычно делал — преклонял колени. Коленопреклонение является выражением полного подчинения, которое очень важно. Я нахожу, что многие христиане не имеют полного подчинения Богу. Они подчиняются Ему, когда Он делает то, что им нравится, но когда Бог делает что-то не то, что им нравится, они ропщут, жалуются, спорят, бунтуют и впадают в уныние.

Одно из ключевых понятий, которые мы должны выучить сегодня, это *суверенная власть*. Сегодня вы не услышите многого об этом, но это остается фактом в отношении Бога. Он является абсолютно суверенным Правителем. Я могу дать этому такое определение: *Бог делает все, что Он желает, когда Он желает, как Он желает, и, не спрашивая ни у кого разрешения.*

Чем раньше вы согласитесь с этим фактом и преклоните свои колени, тем легче вам будет вести победную христианскую жизнь. Бог делает в нашей жизни такие вещи, которые мы не ожидаем от Него. Возможно, некоторые из вас продолжают хранить какого-то рода недовольство по отношению к Богу. Будьте очень осторожны с ропотом по отношению к Богу.

Склонение колен это акт поклонения. Придет такой момент, когда все сделают это. Но вы можете не дожидаться того, когда все будут вынуждены сделать это, и добровольно склонить колени сейчас. Книга пророка Исаии 45:23:

Мною клянусь: из уст Моих исходит правда, слово неизменное, что предо Мною преклонится всякое колено, Мною будет клясться всякий язык.

В определенный момент, Бог заставит всякое творение во Вселенной преклониться и признать Его верховную власть. «Всякое колено преклонится». В Послании Филиппийцам 2:9−10 Павел уточняет, Кому поклонится вся Вселенная:

Посему и Бог превознес Его и дал Ему имя выше всякого имени, дабы пред именем Иисуса преклонилось всякое колено небесных, земных и преисподних...

Падение ниц

Мы подошли к самому часто используемому описанию поклонения в Библии — падение ниц пред Богом. Это имеет особый смысл. Это означает полную зависимость от Бога. Это означает: «Господь, я ничего не могу сделать без Тебя. Не могу даже начать...» Как однажды сказал Джон Буньян:

Не надо бояться упасть тому, кто внизу;
Кто низко стоит, не будет гордиться.
Когда ты действительно будешь смирен,
Тогда будешь Господом руководиться.

Когда вы поверглись ниц, когда вы пали на свое лицо, распростерлись пред Господом, то вы опустились так низко, как только можете. Выход из такого положения есть только в одном направлении — вверх.

В 17-ой главе книги Бытие Господь явился Аврааму дважды. Это очень важная глава, потому что в ней Господь заключил с Авраамом и его потомками вечный завет — чтобы быть их Богом и дать им в вечное пользование полоску земли на восточном побережье Средиземного моря. В первый раз, когда Господь явился Аврааму (или Авраму, как он назывался в то время), Он сказал, Бытие 17:1–3:

Я Бог Всемогущий; ходи предо Мною и будь непорочен; и поставлю завет Мой между Мною и тобою, и весьма, весьма размножу тебя. И пал Аврам на лице свое. Бог продолжал говорить с ним...

Ниже, в этой же самой главе, мы читаем, Бытие 17:15–17:

И сказал Бог Аврааму: Сару, жену твою, не называй Сарою, но да будет имя ей: Сара. Я благословлю ее и дам тебе от нее сына; благословлю ее, и произойдут от нее народы, и цари народов произойдут от нее. И пал Авраам на лице свое, и рассмеялся...

Невероятно! Как Господь мог сказать такое о Саре (с этого момента уже Сарре), которая была уже очень давно не в том возрасте, чтобы быть способной рождать детей? Но в назначенное время это все-таки произошло. В 17-ой главе книги Бытие Авраам уже был кое-чему научен, и он распростерся ниц пред Богом дважды.

В книге Левит 9:24 есть другой пример людей, который простирались ниц пред Богом:

И вышел огонь от Господа и сжег на жертвеннике всесожжение и тук; и видел весь народ, и воскликнул от радости, и пал на лице свое.

Я не верю, что они смогли бы устоять, даже если бы постарались. Дух Святой могущественным образом спустился на них, и они оказались в непосредственном присутствии Божьем.

Затем, мы читаем в книге Чисел 20:6:

И пошел Моисей и Аарон от народа ко входу скинии собрания, и пали на лица свои, и явилась им слава Господня.

По всему Писанию мы продолжаем находить примеры. Иисус Навин пал на свое лицо, когда ему явился Командующий армии Господа (см. Иисуса Навина 5:14).

Когда Илья свел огонь на жертвенник на горе Кармил. «Увидев это, весь народ пал на лице свое и сказал: Господь есть Бог, Господь есть Бог!» (3-е Царств 18:39). Ни один человек не остался стоять. Это была реакция на присутствие Божье.

В Книге пророка Иезекииля 1:28-2:1 мы читаем:

В каком виде бывает радуга на облаках во время дождя, такой вид имело это сияние кругом. Такое было видение подобия славы Господней. Увидев это, я пал на лице свое, и слышал глас Глаголющего...

Если какой-то человек никогда не простирался ниц пред Богом, то я задаюсь вопросом, был ли такой человек когда-либо очень близко с Богом. Вы можете исследовать всю Библию, и вы обнаружите, что нет ни одного действительно великого Божьего человека в Писании, о которым не было написано хотя бы раз, что он простирался ниц пред Богом.

Я практикую это положение поклонения, но не по причине законничества или соблюдения ритуала, но из необходимости в безопасности. Я обнаружил, что самое безопасное место, которое я знаю, это когда повергаюсь я ниц пред Богом. Путь к величию — это простираться ниц пред Богом.

Танцы пред Господом

В Писании мы находим еще один акт поклонения. Во Второй книге Царств описано то, как Давид вносил ковчег завета в Иерусалим, после того как тот побывал в плену у филистимлян. По дороге возникло несколько проблем. Бог поразил насмерть одного из членов первой процессии, и все получили важный урок: с ковчегом завета (местом присутствия Божьего) следует обращаться и приближаться к нему так, как Бог заповедал это. В конечном итоге, ковчег был доставлен в Иерусалим, под всякого рода музыкальное сопровождение. Вторая книга Царств 6:14:

> *Давид скакал из всей силы пред Господом; одет же был Давид в льняной ефод.*

Ефод — это было особое одеяние, которое делало вас, в некотором смысле, священнослужителем. «*Давид плясал изо всех сил пред Господом*» (Танах, иудейский перевод). Давид был великим мужем и сильным воином. Не думаю, что когда он танцевал со всех сил, какой-то мускул в его теле оставался неподвижным. Я представляю его прыгающим вверх и вниз, полностью отдавшимся танцу. И это поклонение. Вы не свободны полностью до тех пор, пока все ваше тело не переживет действительное освобождение.

Но есть другая сторона этой истории. Вторая книга Царств 6:20–23:

> *Когда Давид возвратился, чтобы благословить дом свой, то Мелхола, дочь Саула, вышла к нему на встречу и сказала: как отличился сегодня царь Израилев, обнажившись сегодня пред глазами рабынь рабов своих, как обнажается какой-нибудь пустой человек! И сказал Давид Мелхоле: пред Господом, Который предпочел меня отцу твоему и всему дому его, утвердив меня вождем на-*

рода Господня, Израиля, — пред Господом играть и плясать буду; и я еще больше уничижусь, и сделаюсь еще ничтожнее в глазах моих, и пред служанками, о которых ты говоришь, я буду славен...

И последние слова этой истории гласят:

И у Мелхолы, дочери Сауловой, не было детей до дня смерти ее.

И все потому, что она презрела своего мужа за то, что он танцевал перед Господом. Печально, и очень опасно, когда кто-то критикует тех людей, которые радуются Господу. Они могут делать это неумело, или быть не слишком образованы, но Богу нравится это. Он желает, чтобы Им наслаждались. Поэтому будьте осторожны, чтобы вам не судить.

Важно чтобы в поклонении Богу участвовало все тело. Иисус сказал, что мы должны поклоняться в духе и в истине. Павел сказал в первом послании Фессалоникийцам 5:23:

Сам же Бог мира да освятит вас во всей полноте, и ваш дух и душа и тело во всей целости да сохранится без порока в пришествие Господа нашего Иисуса Христа.

Помните, что мы выучили ранее: полнота личности — это дух, душа и тело. Вам необходимо настроить всего самого себя на Бога и реагировать на Него так, как Он желает.

Наше поклонение в материальном

Еще одним способом, при помощи которого мы можем выразить наше поклонение Богу, являются наши материальные пожертвования. Бог желает, чтобы мы могли принести наши деньги, как святое приношение, для поклонения Ему. Без этого наше поклонение будет неполным.

В книге Исход Бог дал инструкции о том, как каждый израильтянин мужеского пола должен приходить в Иерусалим три раза в году, чтобы принести жертвы и праздновать пред Богом. Исход 23:14-15:

Три раза в году празднуй Мне. Наблюдай праздник опресноков: семь дней ешь пресный хлеб, как Я повелел тебе, в назначенное время месяца Авива; ибо в оном ты вышел из Египта; и пусть не являются пред лице Мое с пустыми руками.

Это была часть Божьей заповеди о поклонении и праздновании в храме. Они должны были приходить в Богом определенное время и Богом определенным способом, и ни один из израильтян не должен был появляться пред Ним с пустыми руками. Приношение материальных пожертвований было часть празднования и поклонения.

В Псалме 95:8-9 сказано:

Воздайте Господу славу имени Его, несите дары и идите во дворы Его. Поклонитесь Господу во благолепии святыни. Трепещи пред лицем Его, вся земля!

Другими словами: «Не приходите без даров». В этом отрывке мы видим три важных факта, касающихся жертв Богу (будь то финансовых или еще каких-либо). Во-первых, это воздает славу Богу. Псалмист говорит: «*воздайте Господу славу (достойную) имени Его, несите дары...*» Как мы воздаем Богу славу? Принося свои дары.

Во-вторых, сказано: «*несите дары и идите во дворы Его*». Приношение даров дает нам доступ во дворы Божьи. Мы не имеем права претендовать на доступ к Богу, если мы не приходим с дарами. Вспомните слова из книги Исход 23:15: «*пусть не являются пред лице Мое с пустыми руками*». Если вы хотите предстать пред Богом, войти в Его дворы, вы должны принести дар.

В-третьих, сказано *«поклонитесь Господу во благолепии святыни»* (Псалом 95:9). Мы поклоняемся Ему там же — в красоте святости.

Итак, приношение даров является Богом назначенной частью нашего поклонения, и наше поклонение неполно до тех пор, пока мы не принесем Ему наши дары.

Когда мы даем наши деньги Богу, мы даем очень важную часть нашей жизни. Большинство из нас может подтвердить, что мы уделяем значительную часть нашей жизни нашей работе, что выражается в материальных поступлениях. Когда мы жертвуем Богу определенную часть нашего дохода, тем самым мы жертвуем самих себя. Тем самым мы отдаем Ему наше время, нашу силу, и наши способности. Нет ничего более святого, что мы можем пожертвовать Богу, кроме себя самих.

Бог говорит нам: «Если ты хочешь войти в Мои дворы, если ты желаешь предстать передо Мной, если ты желаешь воздать Мне славу, если ты желаешь поклониться Мне в красоте святости, то принеси свои дары». Таким образом, приношение даров, поклонение и святость, на самом деле, все это очень близко связано в Божьем плане для вашей жизни.

Бог сберегает счета

Вот другой важный момент, который многие христиане не до конца понимают: Бог хранит запись того, что Его народ жертвует. Седьмая глава книги Чисел является очень длинной — она содержит восемьдесят девять стихов, и большинство из них посвящено описанию того, что главы двенадцати колен Израилевых пожертвовали Богу.

Каждый из них пожертвовал то же самое, но удивительно, что пожертвование каждого из них описывается в деталях, пункт за пунктом. Бог не сказал: «второй пожертвовал то же самое, что и первый». Но Писание повторяет перечисление каждого пожертвования, предмет за предметом. Библия очень экономная книга — она не тратит место впустую. Поэтому когда Бог делает это, тем самым Он показывает, насколько тщательно Он записывает то, что мы жертвуем Ему. Вот опись пожертвований главы первого колена. Книга Числа 7:10−17:

И принесли начальники жертвы освящения жертвенника в день помазания его, и представили начальники приношение свое пред жертвенник. И сказал Господь Моисею: по одному начальнику в день пусть приносят приношение свое для освящения жертвенника. В первый день принес приношение свое Наассон, сын Аминадавов, от колена Иудина. Приношение его было: одно серебряное блюдо, весом в сто тридцать сиклей, одна серебряная чаша в семьдесят сиклей, по сиклю священному, наполненные пшеничною мукою, смешанною с елеем, в приношение хлебное, одна золотая кадильница в десять сиклей, наполненная курением, один телец, один овен, один однолетний агнец, во всесожжение, один козел в жертву за грех, и в жертву мирную два вола, пять овнов, пять козлов, пять однолетних агнцев. Вот приношение Наассона, сына Аминадавова.

Бог хранит полную и детальную опись всего того, что пожертвовал глава каждого колена, и Он позаботился о том, чтобы это было зафиксировано в Писании.

Но такое ведение учета не ограничивается только ветхозаветной практикой и ритуалами. Обратите внимание, как Сам Иисус, как записано в Евангелии от Марка 12:41−44, внимательно наблюдает за тем, кто и сколько жертвует:

И сел Иисус против сокровищницы и смотрел, как народ кладет деньги в сокровищницу. Многие богатые клали много. Пришедши же, одна бедная вдова положила две лепты, что составляет кодрант. Подозвав учеников Своих, Иисус сказал им: истинно говорю вам, что эта бедная вдова положила больше всех, клавших в сокровищницу; ибо все клали от избытка своего, а она от скудости своей положила все, что имела, все пропитание свое.

Здесь есть два момента: во-первых, Иисус наблюдал сколько каждый давал и определял истинную ценность жертвуемого; во-вторых, Бог определял, сколько мы даем, согласно тому, сколько у нас оставалось. Человек, который фактически положил меньше всех, согласно оценке Иисуса, дал больше всех, потому что ничего не оставил себе. Поэтому помните о том, что когда Бог оценивает то, что вы даете, Он сравнивает это с тем, что у вас осталось.

Последний момент: каждый из нас однажды даст отчет Богу. *«Итак каждый из нас за себя даст отчет Богу»* (Римлянам 14:12). Это ожидает в будущем каждого из нас. Фраза «даст отчет» в оригинальном греческом используется в основном для описания финансового отчета — хотя и не только, но в основном для этого. Поэтому, согласно Писанию, каждый из нас будет давать Богу, в том числе, тщательный финансовый отчет.

Бог не нуждается в наших деньгах, но Он знает, что наше отношение к деньгам открывает наше истинное отношение к Нему Самому. Как сказал Иисус в Евангелии от Матфея 6:24:

Никто не может служить двум господам: ибо или одного будет ненавидеть, а другого любить; или одному станет усердствовать, а о другом нерадеть. Не можете служить Богу и маммоне.

Мы стоим перед выбором. Если мы служим Богу, то мы не служим маммоне — злой духовной силе, которая контролирует и манипулирует людьми через их отношение к деньгам. Если наше отношение к Богу правильное, тогда наше отношение к деньгам тоже будет правильным. Если мы крепко держимся Бога, если двумя руками схватились за Него, если мы поклоняемся Ему, тогда мы будем презирать маммону. Мы не позволим этой злой сатанинской силе управлять нами. Мы или любим Бога, или же любим маммону — третьего варианта нет, и нейтралитета тоже нет.

Поклонение принадлежит только Богу. Вы можете хвалить, прославлять и благодарить людей; но вы не имеете права поклоняться никому, кроме Господа. Это уникальное действие, которым мы говорим: «Боже, Ты наш Бог. Мы поклоняемся Тебе. Мы не просто стоим и говорим о поклонении Тебе, но мы склоняем наши колени перед Тобой, простираем наши руки к Тебе, кланяемся Тебе, простираемся ниц перед Тобой, и поклоняемся Тебе всем, кто мы есть и что мы имеем». Господь, наш Бог, достоин того, чтобы поклонение Ему включало в себя всю наша жизнь и все наше естество.

10

Неизбежность поклонения

В конечном счете, выбор человека не в том, *будет ли* он поклоняться, но в том: *кому* или *чему* он будет поклоняться.

Эта истина очень ясно определена Богом в словах, которые Он дал Израилю с горы Синая, которые мы называем Десятью Заповедями. Вот, в частности, что Бог тогда сказал Израилю в книге Исход 20:1-5:

> *И изрек Бог все слова сии, говоря: Я Господь, Бог твой, Который вывел тебя из земли Египетской, из дома рабства. Да не будет у тебя других богов пред лицем Моим. Не делай себе кумира и никакого изображения того, что на небе вверху, и что на земле внизу, и что в воде ниже земли. Не поклоняйся им и не служи им; ибо Я Господь, Бог твой, Бог ревнитель, наказывающий детей за вину отцов до третьего и четвертого рода, ненавидящих Меня...*

Мне бы хотелось обратить ваше внимание на определенные важные моменты, которые мы можем извлечь из этого места Писания.

Во-первых, Бог не будет делить поклонение ни с кем и ни с чем. Если мы поклоняемся Богу, мы поклоняемся Ему одному, и только Он имеет право принять это поклонение. Нет ни одной личности, существа или объекта во всей Вселенной, которому мы можем поклоняться, кроме единого истинного Бога.

Во-вторых, склонение перед чем-то это всегда является признаком поклонения. В отношении запрещенных идолов Бог говорит: *«Не поклоняйся им (не склоняйся перед ними)»* (Исход 20:5). Склонение и поклонение — это синонимы.

Третья истина чрезвычайно серьезна: злые последствия неправильного направления поклонения распространяются на наших потомков. Бог говорит, что Он накажет детей за грех отцов до третьего и четвертого рода. Такой род наследственного наказания людей не является результатом других грехов, которые совершили данные люди (идолопоклонством согрешают отцы, а наказание терпят и их дети). Поклонение любому другому богу, кроме истинного Бога — этот грех настолько уникальный и тяжкий, что Бог предупреждает о том, что последствия этого понесет на себе третье и четвертое поколение потомков человека, который практиковал это.

Хлебное приношение

Книга Левит 2:1 говорит об этом материальном приношении, которое, как и многие действия Ветхого Завета, оно связано с духовной реальностью, в частности, с поклонением.

Если какая душа хочет принести Господу жертву приношения хлебного, пусть принесет пшеничной муки, и вольет на нее елея, и положит на нее ливана...

Итак, это была мука очень мелкого помола (в др. переводах сказано о «тонкой» или «прекрасной» муке — примеч. переводчика). Как уже было сказано, это символизирует наше приношение — посвящение наших жизней — Богу. Он желает, чтобы наши жизни были тщательно помолоты. Он желает, чтобы все, что Он будет делать, не встречало сопротивление или неприятие. Чтобы ничто не противилось Его воле.

Когда мы приносим наши жизни Богу, есть два символических действия, которые мы должны предпринять: мы должны вылить на них елей, и возложить на них благовония. По всей Библии елей неизменно является прообразом Святого Духа. Мы ничего не сможем дать Богу до тех пор, пока Святой Дух не даст нам способность дать это.

Ливан — это определенного рода ароматическая смола, которую выделяют деревья. В своем естественном состоянии она, как правило, белого цвета и не имеет каких-то привлекательных качеств. Но когда она попадает в огонь, она начинает издавать прекрасный характерный аромат, который символизирует поклонение. В действительности, в большинстве случаев, когда вы находите в Библии упоминание *каждения*, *курения ладана и фимиама* или *возжигания благовоний*, это говорит о поклонении.

Таким образом, когда мы приносим самих себя Господу, мы должны делать это посредством Святого Духа, и мы должны делать это с поклонением. Но с этим ливаном происходит немного другое. Книга Левит 2:2:

> *... И принесет ее к сынам Аароновым, священникам, и возьмет полную горсть муки с елеем и со всем ливаном, и сожжет сие священник в память на жертвеннике; это жертва, благоухание, приятное Господу.*

Чтобы вознести эту жертву, необходим священник. Он берет небольшую горсть муки, смешанной с елеем, и бросает ее в жертвенный огонь. Но — и это очень важно — он берет весь ливан. Поклонение (благоухание) отдается целиком и полностью одному Господу. Принести поклонение, вознести благоухание кому-то другому, кроме Господа — это грех.

Верю, что это урок, который необходимо выучить многим христианам высокого полета. За последние десятилетия мы были свидетелями того, как очень многие известные, признанные фигуры пережили падения и крушения. Полагаю, что одна из возможных причин этого заключалась в том, что они каким-то образом позволили своим последователям взять небольшую часть ливана, и воскурить его себе.

Как проповедник, я не желаю принимать благоухающий курений. Часто люди приближаются ко мне с хвалебными речами. Я всегда благодарен за доброе слово, но поклонение принадлежит только одной Личности — и этой Личностью является Бог. Запомните, всякий, кому мы поклоняемся, становится нашим богом. Если мы поклоняемся проповеднику, то мы делаем его нашим богом. И сделать такое — это просто ужасно.

Поклонение и служение

Во многих местах Писания, которые говорят о поклонении, вы обнаружите, что поклонение неизменно приводит к служению. В конечном итоге, мы всегда будем служить тому, чему мы поклоняемся. Это очень ясно показано в диалоге между Иисусом и сатаной, когда тот искушал Иисуса, падши поклониться ему. Из трех искушений в пустыне, это было последним искушением. Евангелие от Матфея 4:8–10:

Опять берет Его диавол на весьма высокую гору и показывает Ему все царства мира и славу их, и говорит Ему: все это дам Тебе, если, пав, поклонишься мне. Тогда Иисус говорит ему: отойди от Меня, сатана, ибо написано: «Господу Богу твоему поклоняйся и Ему одному служи».

Обратите внимание на порядок и взаимосвязь: во-первых, поклоняйся; во-вторых, служи. Очень многие христиане пытаются изменить порядок, но тогда это не работает. Служение без поклонения — это что-то уже совершенно не то.

Кроме этого, существует еще и функциональная связь между поклонением и служением. Чем больше мы поклоняемся какой-то личности или вещи, тем к более явным результатам в нашей жизни это приведет. Во-первых, это приводит к более полному посвящению этой личности или вещи. Во-вторых, это приводит к более полному отождествлению с этой личностью или вещью.

Поклонение обязательно приводит к посвящению и отождествлению. Поэтому, поклонение является главным решением, и никто из нас не сможет уклониться от него. Первоначальной целью сотворения человека было поклонение. Он не можете изменить этот аспект своей природы. Он может изменить только направление этого поклонения — от истинного Бога к ложному богу.

Позвольте мне привести вам несколько примеров ложных богов, которым зачастую поклоняется человек. Во-первых, это настоящие идолы. По всему миру, в каждой культуре, вы найдете деревянных и каменных идолов, которым люди поклоняются. Мы называем это *идолопоклонством*.

Во-вторых, очень часто люди поклоняются своим собственным физическим желаниям и удовольствиям. Для таких людей их желания и удовольствия становятся их богом. Очень часто мы называем это *гедонизмом*.

В-третьих, это деньги и материальное имущество. Миллионы людей по всему миру сделали из денег своего бога. Библия называет такую форму идолопоклонства *сребролюбием, жадностью, накопительством* и *скупостью*.

В-четвертых, это могут быть политические лидеры, такие как Гитлер или Ленин. Интересно, что зачастую те люди, чья политическая философия отвергает Библию, истинного Бога и поклонение Ему, в конечном итоге избирают объектом своего поклонения человека.

Наконец, это могут быть основатели различных культов и ложных религиозных идеологий. Трагические события, связанные с Джоунстауном (Гвиана) и Вако (Техас) являются результатом поклонения лидеру ложного культа.

Поклонение и Последнее время

К чему, в конечном счете, ведут все вместе эти типы ложного поклонения? Все они ведут к той же самой личности: к сатане. Он желает поклонения, потому что именно оно является свидетельством в его притязаниях на равенство с Богом. Как было уже сказано, поклонение принадлежит только Богу. Поэтому, когда сатана может принять поклонение, это подтверждает его притязания на равенство с Богом. Именно это стремление было причиной первоначального падения сатаны, как это описано в Книге пророка Исаии 14:12-14:

> *Как упал ты с неба, денница, сын зари! разбился о землю, попиравший народы.*

> *Денница – сын зари и Люцифер* это было двумя именами сатаны до его падения. В следующих стихах пророк раскрывает внутреннюю мотивацию сатаны, которая послужила причиной его восстания против истинного Бога:

> *А говорил в сердце своем: «взойду на небо, выше звезд Божиих вознесу престол мой и сяду на горе в сонме богов, на краю севера; взойду на высоты облачные, буду подобен Всевышнему».*

Обратите внимание на фразы: *«я взойду»*, *«я вознесу»*, *«я воссяду»*, *«я стану подобен»* — всякий раз это *«я»*, которое утверждает свою волю. Вот это и является сущностью восстания сатаны — утверждение своей собственной воли наперекор воле Божьей.

В последних словах мы находим конечную цель амбиций сатаны: *«буду подобен Всевышнему».* Равенство с Богом остается конечной целью сатаны. И способ, при помощи которого он может предъявлять свои притязания — это принимая поклонение от людей, потому что когда это происходит, то он, в определенном смысле, самоутверждается как бог.

Согласно Писанию, будет короткий период времени на земле, когда сатана вплотную подойдет к осуществлению своих амбиций. Книга Откровение 13:1-2:

И стал я на песке морском, и увидел выходящего из моря зверя с семью головами и десятью рогами: на рогах его было десять диадим, а на головах его имена богохульные. Зверь, которого я видел, был подобен барсу; ноги у него — как у медведя, а пасть у него — как пасть у льва; и дал ему дракон силу свою и престол свой и великую власть.

Подробное изучение этого отрывка показывает, что зверь — это человеческий лидер, а дракон — это сам сатана. Давайте посмотрим на итог. Откровение 13:4:

…И поклонились зверю, говоря: кто подобен зверю сему? и кто может сразиться с ним?

Восстание против Бога — вот куда держит свой путь история человечества. Сатанинские силы движутся и действуют по всей земле, над народами и политическими лидерами повсюду. И это все происходит с одной главной задачей — получить поклонение людей. В конечном итоге, сатана найдет политического лидера, которого он сможет настолько усилить, что тот сможет принять поклонение человечества. И через этого человека получит поклонение и сатана, который будет стоять за ним.

По этой причине, мы действительно нуждаемся в кристально ясном понимании одного вопроса: Кому я поклоняюсь? Кто мой Бог? Иисус дал показал нам единственно правильный ответ на этот вопрос в Евангелии от Матфея 4:10:

Отойди от Меня, сатана, ибо написано: «Господу Богу твоему поклоняйся и Ему одному служи».

Готовы ли вы сказать такое? «Я буду поклоняться Господу» и «Я буду Ему одному служить»? Это самое важное решение, которые вы должны принять. Оно определит вашу судьбу в вечности.

11

Поклоняясь у Трона

Однажды я сказал Руфи: «Мы не слишком часто читаем книгу Откровение. Эта книга достаточно тяжелая для понимания, но это не означает, что мы не должны читать ее». Поэтому мы прочитали ее один раз, но не извлекли ничего нового оттуда. Тогда мы прочитали ее второй раз — но опять, ничего. Тогда я сказал: «Как бы там ни было, это Слово Божье, и мы будем читать его». В третий раз вдруг что-то «включилось». После этого, когда бы Руфи ни спросила, что мы будем читать, она знает, что я отвечу — четвертую и пятую главы книги Откровение.

Четвертая глава повествует о Тронном зале на небесах. Это место, откуда осуществляется управление Вселенной. Ключевым словом этой главы является слово *Трон* (*Престол*). В одиннадцати стихах это слово встречается четырнадцать раз. Главной характерной деятельностью внутри этого Тронного зала является поклонение. Книга Откровение 4:8–10:

Свят, свят, свят Господь Бог Вседержитель, Который был, есть и грядет. И когда животные воздают славу и честь и благодарение Сидящему на престоле, Живущему во веки веков, тогда двадцать четыре старца падают пред Сидящим на престоле, и поклоняются Живущему во веки веков, и полагают венцы свои перед престолом...

Как видим, поклонение на небесах описано так: они повергаются вниз пред Сидящим на Престоле.

Помню один старый церковный гимн, где были такие слова: «Все приветствуют силу имени Иисуса! Пусть ангелы падут ниц; несите царские венцы, и возложите на голову Его, нашего Господа!» Нельзя забыть величественные осанки тех прихожан церкви, которые стояли в рядах и распевали: «Пусть ангелы падут ниц...» Весь их вид говорил о том: «Возможно, это прилично для ангелов, но не просите меня сделать что-нибудь настолько неподобающее!» Но именно таким является Небесное поклонение. Скажу вам, что я полностью согласен поклоняться так, как поклоняются на Небесах.

В книге Откровение мы читаем, что Сидящий на Троне имел в руке свиток, в котором было заключено дальнейшее содержание книги Откровение. Могущественный ангел произнес громким голосом: *«Кто достоин раскрыть сию книгу и снять печати ее?»* (Откровение 5:2). Никто на Небесах не мог сделать этого. Иоанн, писавший книгу Откровение, начал плакать, потому что он хотел знать, что содержится в свитке. Тогда один из старейшин сказал ему: *«Не плачь; вот, лев от колена Иудина, корень Давидов, победил, и может раскрыть сию книгу и снять семь печатей ее»* (Откровение 5:5).

Иоанн обернулся, ожидая увидеть этого Льва, но увидел Агнца, Который выглядел как закланный. Иоанн говорит в Откровении 5:6-10:

> *И я взглянул, и вот, посреди престола и четырех животных и посреди старцев стоял Агнец как-бы закланный, имеющий семь рогов и семь очей, которые суть семь духов Божиих, посланных во всю землю. И Он пришел и взял книгу из десницы Сидящего на престоле.*

После этого следует вдохновляющее описание того, как вся небесная сфера перешла в поклонение:

> *И когда он взял книгу, тогда четыре животных и двадцать четыре старца пали пред Аг-*

нцем, имея каждый гусли и золотые чаши, полные фимиама, которые суть молитвы святых; и поют новую песнь, говоря: достоин Ты взять книгу и снять с нее печати, ибо Ты был заклан, и Кровию Своею искупил нас Богу из всякого колена и языка, и народа и племени, и соделал нас царями и священниками Богу нашему; и мы будем царствовать на земле.

Обратите внимание на то, что делают старцы. Они пали. И заметьте, как наши молитвы предстают пред Господом — в золотых чашах полных фимиама. Что олицетворяет фимиам? Поклонение! Это первый круг поклоняющихся: четыре живых творения и двадцать четыре старца, которые падают и прославляют Бога за Его могущественный акт искупления через Иисуса. Затем, Иоанн продолжает, Откровение 5:11:

И я видел, и слышал голос многих Ангелов вокруг престола и животных и старцев, и число их было тьмы тем и тысячи тысяч...

Кстати, на китайском языке так и продолжают исчислять миллионы — десять тысяч по десять тысяч — это сто миллионов (на старославянском «тьмы тем» — примеч. переводчика). Кроме того, там были еще тысячи тысяч — еще миллионы. Если взять в расчет, что один ангел смог в течение одной ночи уничтожить 185 тысяч ассирийских солдат (см. 4 Царств 19:35), то вы удивитесь, о чем вообще стоит волноваться. Откровение 5:12-14:

Которые говорили громким голосом: достоин Агнец закланный принять силу и богатство, и премудрость и крепость, и честь и славу и благословение. И всякое создание, находящееся на небе и на земле, и под землею, и на море, и все, что в них, слышал я, говорило: Сидящему на престоле и Агнцу благословение и честь, и слава и держава во веки веков.

Каждое творение из самых дальних уголков Вселенной участвуют в этом поклонении Ему. Затем:

И четыре животных говорили: аминь. И двадцать четыре старца пали и поклонились Живущему во веки веков.

Они пали и поклонились Живущему вовеки веков. Это вдохновляющая картина. Центром Вселенной является Трон, и вокруг него замыкаются все более широкие круги поклонения, вплоть до самых отдаленных частей Вселенной. Все и вся делают лишь одно: поклоняются. И Кто находится в центре? Агнец. Какой чудесный день это будет. Аминь.

Об авторе

Дерек Принс (1915–2003) родился в Бангалоре, Индия, в семье британского офицера. Он получил ученую степень по классическим языкам (греческий, латинский, еврейский и арамейский) в Итон-Колледже и Кембриджском университете в Англии, а позднее в Еврейском Университете в Израиле. Будучи студентом, он был философом и убежденным атеистом. Он являлся действительным членом научного общества древней и современной философии в Кингз-Колледже в Кембридже.

Во время Второй Мировой, находясь в рядах Британского медицинского корпуса, он начал изучать Библию, как философский труд. Однако через какое-то время он пережил сверхъестественное откровение Иисуса Христа. Спустя несколько дней после этого он принял крещение в Святом Духе. Это изменяющее жизнь переживание изменило весь курс его жизни, которую после этого он полностью посвятил изучению и преподаванию Библии, как Слова Божьего.

Он был демобилизован из рядов армии в 1945 году в Палестине. Тогда же он женился на Лидии Кристенсен, которая была основательницей детского дома в Иерусалиме. Благодаря этому браку он сразу же стал отцом восьми приемных дочерей Лидии – шести евреек, одной палестинской арабки и одной англичанки. Вся семья была свидетелем возрождения государства Израиль в 1948 году. В конце 50-х годов чета Принсов удочерила еще одну девочку, во время того, как Дерек Принс служил директором педагогического колледжа в Кении (Африка).

В 1963 году семья Принс иммигрировала в Соединенные Штаты, где Дерек какое-то время служил пастором в Сиеттле. Убийство Джона Кеннеди побудило Дерека Принса начать учить американцев о том, как ходатайствовать за свой народ. В 1973 году он стал одним из основателей «Ходатаев за Америку». Его книга «Влияние на историю через пост и молитву» пробудила христиан по всему миру к принятию их ответственности молиться за свои правительства. Многие считают, что нелегальные переводы этих материалов содействовали падению коммунистических режимов в СССР, Восточной Германии и Чехословакии.

Лидия Принс умерла в 1975 году, а в 1978 году Дерек женился на Руфь Бейкер (одинокой женщине с тремя приемными детьми). Он встретил свою вторую жену, точно также, как и первую, когда он служил Господу в Иерусалиме. Руфь умерла в 1998 году в Иерусалиме, где они имели постоянное жительство с 1981 года.

Практически вплоть до самых последних лет своей жизни (он умер в 2003 году в возрасте 88 лет) Дерек плодотворно и активно трудился в служении, к которому Бог призвал его, путешествуя по миру, делясь откровениями Божьей истины, молясь за больных страждущих, делясь пророческим пониманием мировых событий в свете Писания. Он написал более пятидесяти книг, которые были переведены более чем на шестьдесят языков и распространяются по всему миру. Он был первопроходцем учения в таких насущных и практических темах как наследственные проклятья, Библейское значение Израиля и демонология.

Служение Дерека Принса, с центральным офисом в городе Шарлотт, Северная Каролина, продолжает распространять его учение и обучать миссионеров, церковных лидеров, и христианские общины через свои представительства по всему миру. Его радиопрограмма «Ключи к успешной жизни (сейчас известная как «Наследие Дерека Принса») началась в 1979 году и была переведена на более чем дюжину языков. Ясное, неденоминационное, несектантское Библейское учение Дерека Принса покрывает более чем половину земного шара.

Признанный в международном масштабе Библейский учитель и духовный патриарх, Дерек Принс основал обучающее служение, которое распространилось на шесть континентов и на более чем шестьдесят лет. В 2002 году он сказал: «Мое желание — и я верю, что это желание Господа — чтобы это служение, которое Бог начал через меня более шестидесяти лет назад, продолжало работу вплоть до возвращения Иисуса».

Для заметок

Для заметок

Для заметок

Для заметок

Для заметок

Для заметок

Для заметок

Для заметок

Для заметок

Для заметок

Дерек Принс
ВХОДЯ В БОЖЬЕ ПРИСУТСТВИЕ

Подписано в печать 29.08.2011г. Формат 84×108^1/$_{32}$
Печать офсетная. Тираж 10 000 экз.
Заказ № 3102 (10173F)

Отпечатано в типографии "Принткорп",
ЛП № 02330/0494142 от 03.04.2009.
Ул. Ф.Скорины 40, Минск, 220141. Беларусь.